DÉVELOPPEMENT DURABLE :
21 MAIRES S'ENGAGENT

Teddy Follenfant

Développement durable :
21 maires s'engagent

Collection
« Documents »

le cherche midi

Du même auteur au cherche midi

« Développement durable : 21 patrons s'engagent », 2002.

Teddy Follenfant est microbiologiste et agro-économiste de formation.

Il a été responsable de la communication d'Amnesty International-section française, puis l'un des acteurs majeurs de l'une des premières fondations d'entreprises sur le thème de l'environnement. Depuis 1993, il est conseiller en environnement et développement durable pour de grands groupes et institutions. Il a coanimé sur BFM le magazine radio Les Dossiers de l'Environnement. Il conçoit et anime aujourd'hui une émission sur le développement durable, « Équateur », sur RADIO RCF (Radios Chrétiennes en France), www.radiorcf.com.

Né des travaux lancés avant la Conférence de Stockholm en 1972 sur l'environnement puis d'un rapport commandé par les Nations unies en 1987, « Notre avenir à tous », le concept de « développement durable » a été consacré par le Sommet de la Terre en 1992 à Rio au Brésil. Les États, les entreprises, les collectivités locales se sont engagées dans cette voie avec, notamment, la mise en place des « Agendas 21 ». L'Agenda 21 adopté à Rio en 1992 met l'accent sur le rôle important des collectivités locales pour le développement durable et stipule que chaque ville, chaque commune doit définir un projet qui lui soit bien adapté en y impliquant les habitants, les acteurs locaux, les entreprises. Le développement durable, c'est porter attention aux générations à qui on confiera sa commune. Il faut donc donner, dans la durée, une priorité à la gestion et au patrimoine, aux équipements, économiser les ressources non renouvelables, être économe des espaces et des territoires, encourager les emplois durables, réduire la pauvreté, l'exclusion, gérer efficacement l'eau, l'air, les sols, développer les transports publics, bref encourager l'éco-citoyenneté.

Il était dit dans cet Agenda 21 adopté à Rio : « D'ici à 1996, la plupart des collectivités locales de tous les pays devraient parvenir à un consensus avec les citoyens, les organisations locales et les entreprises privées sur un programme Agenda 21 à l'échelon de la collectivité... » Qu'en est-il de cet engagement dix ans après, notamment en France, où les collectivités locales semblent avoir pris un certain retard ?

En effet, l'association 4D (Dossiers et débats pour le développement durable) estime à 150 le nombre de collectivités qui se sont engagées dans cette voie d'Agenda 21 local, alors que cet engagement apparaît plus important dans d'autres pays européens. La loi d'orientation pour l'aménagement et le développement durable du territoire, la loi solidarité et renouvellement urbain devraient permettre aux collectivités locales françaises de s'engager plus à fond dans cette voie.

Lors du dernier Sommet de la Terre de Johannesburg, en septembre 2002, les villes françaises se sont, semble-t-il, mobilisées et ont, pour certaines, signé un manifeste. Ce livre donne la parole aux maires (autant de droite que de gauche) qui s'engagent, à différents niveaux, avec une énergie différente et parfois avec une grande spontanéité. Les interviews sont donc très variées et témoignent de la disparité de ces engagements. Au lecteur de faire sa propre analyse sur ces différentes professions de foi.

Ce livre fait suite au précédent ouvrage « Développement durable : 21 patrons s'engagent » sorti en septembre 2002 pour le Sommet de la Terre et qui donnait la parole aux grands patrons français.

Je tiens à remercier tous les acteurs locaux, les responsables du développement durable des villes, les techniciens... et bien sûr les maires qui se sont engagés dans cette belle aventure, et j'ai tenu, dans certains cas, à privilégier la spontanéité, car ce livre n'est surtout pas un catalogue de bonnes intentions.

Teddy FOLLENFANT

Déclaration des collectivités locales et territoriales françaises au Sommet mondial du développement durable
(Johannesburg, août 2002)

Cette déclaration a été rédigée par l'Association des maires de France, l'Association des maires des grandes villes de France, l'Association des petites villes de France, l'Association des maires ville et banlieue de France, la Fédération des maires des villes moyennes, la Fédération nationale des maires ruraux, l'Association des écomaires, l'Assemblée des départements de France, l'Association des régions de France, l'Association française du conseil des communes et régions d'Europe et cités-unies-France.

Préambule

Le Sommet de la Terre de Rio en 1992 a contribué à l'émergence d'une nouvelle approche du développement qui pose comme principes de :

– « répondre aux besoins du présent sans compromettre la capacité des générations futures à répondre aux leurs » (rapport Brundtland, 1987) ;

– concilier une nécessaire justice sociale, des échanges économiques équitables et une protection accrue de l'environnement.

Dix ans après, les autorités locales françaises constatent que les engagements internationaux, pris par les États, d'élaborer et mettre en œuvre des stratégies nationales de développement durable n'ont pas ou peu été suivis, tant au niveau international que national.

Observant que leur engagement dans la mise en œuvre de politiques de développement durable a été manifestement insuffisant, elles notent cependant que les principes qui fondent le développement durable émergent de plus en plus dans les politiques territoriales en France, avec une implication croissante des autorités locales en faveur des Agendas 21 locaux ou d'autres démarches similaires.

Le chapitre 28 du programme Agenda 21 a consacré le rôle des collectivités territoriales qui, en raison de leurs pouvoirs et compétences, de leurs moyens et de leur proximité, sont des acteurs essentiels en vue d'atteindre les objectifs fixés par le développement durable.

Les villes et les territoires ruraux sont en effet directement touchés par un développement non durable, et ont à gérer, au plan social comme au plan économique, les conséquences de la mondialisation des activités : problèmes aigus de nuisances (pollution de l'air, déchets, assainissement, bruit, risques industriels, etc.), chômage et exclusion, conduisant à des ségrégations sociales, avec le constat que, souvent, les zones les plus en difficulté subissent les plus graves problèmes d'environnement.

Cet état de fait confère aux élus locaux des responsabilités accrues, comme l'ont souligné les déclarations des maires de France lors des sommets Habitat II et Habitat II + 5. Le niveau local apparaît comme le plus pertinent pour conduire des politiques concrètes de développement durable et apporter ainsi une contribution déterminante à la maîtrise collective du développement.

En ce sens, les autorités locales françaises considèrent que l'émergence de nouveaux territoires, que sont les agglomérations et les pays, est à même de favoriser un développement plus cohérent des territoires au travers de politiques de planification, d'urbanisme, de déplacements, d'habitat et d'environnement mieux articulées entre elles et en meilleure adéquation avec les besoins quotidiens des citoyens au sein de leur bassin de vie.

Elles soulignent que la promotion d'une politique de décentralisation au plus près des citoyens est une condition préalable à la mise en œuvre d'un développement durable et harmonieux des territoires urbains et ruraux.

Adhérant pleinement au processus engagé à Rio, elles rappellent que les stratégies de développement durable ne trouveront leur efficacité que si elles associent l'ensemble des acteurs publics et privés dans des actions concertées et coordonnées : institutions internationales et européennes, États, collectivités territoriales, entreprises, syndicats, associations, etc. Si l'échelon local est essentiel, la responsabilité des États l'est tout autant en matière de régulation de la mondialisation et de maintien des biens publics mondiaux hors de la sphère marchande.

C'est pourquoi les autorités locales françaises se félicitent de l'organisation par les Nations unies du sommet mondial de Johannesburg sur le développement durable, dont les objectifs sont notamment de réaffirmer l'engagement des gouvernements à suivre les principes du développement durable et de faire des propositions concrètes de relance du processus.

Nous, représentants des autorités locales françaises et leurs associations, au service des populations des communautés urbaines et rurales, petites, moyennes et grandes villes, départements et régions, entendant apporter notre contribution à la position de la France dans le cadre de la préparation du sommet de la Terre pour un développement durable organisé par les Nationes unies à Johannesburg.

Nous réaffirmons :

1. les engagements pris à l'occasion de la première et de la deuxième Assemblée mondiale des villes et autorités locales (AMVAL I et II), tenues à Istambul en 1996 et à Rio de Janeiro en 2001, et de la conférence des Nations unies « Habitat II + 5 » à New York en 2001 ;

2. notre adhésion au plan Action 21 adopté lors du sommet de Rio et aux principes du développement durable que sont la solidarité entre les générations et entre les territoires, dans les rapports Nord/Sud et Est/Ouest, la transversalité qui implique de prendre en compte simultanément les dimensions culturelles, environnementales, économiques et sociales, la participation de tous les acteurs de la société civile aux processus de décision, la responsabilité et la précaution vis-à-vis des générations futures, des populations défavorisées, et son pendant, le principe pollueur-payeur ;

3. notre conviction selon laquelle la décentralisation répond aux conditions d'un développement durable et à une aspiration des populations pour renforcer la démocratie et favoriser la participation des citoyens aux décisions publiques ;

4. le rôle essentiel des autorités locales et leurs associations dans la conception et la mise en œuvre de politiques publiques en partenariat avec l'État pour articuler les priorités nationales et les dynamiques locales, dans une vision globale et cohérente ;

5. notre engagement dans la coopération décentralisée et la promotion des échanges et partenariats entre collectivités territoriales, vecteur de solidarité et d'innovation ;

6. notre volonté de situer les jumelages dans le cadre du développement durable et de renforcer leur contenu en faveur de l'aide aux populations du Sud et de l'Est.

Nous nous engageons, en matière d'Agenda 21, à accélérer la mise en œuvre des principes du développement durable par la promotion et la réalisation d'Agenda 21 ou d'autres démarches similaires :

7. en promouvant une gestion raisonnable des territoires et des ressources minérales, énergétiques, faunistiques et floristiques fondée sur l'économie, le recyclage, la valorisation, dans la mise en œuvre des politiques dont nous avons la charge, et en incitant également l'ensemble des acteurs (entreprises, producteurs, consommateurs, citoyens) à modifier leurs comportements par des actions de sensibilisation, d'éducation, de formation, et par des soutiens financiers adéquats ;

8. en recherchant l'efficacité énergétique et l'utilisation des énergies locales et renouvelables, par une mise en œuvre de cet objectif sur le patrimoine bâti dont nous assurons la gestion et/ou que nous finançons ; par l'élaboration avec l'ensemble de nos partenaires des conditions nécessaires à cet objectif, notamment par des actions d'information, de promotion et d'aide aux entreprises et aux particuliers souhaitant installer des systèmes faisant appel aux énergies renouvelables ;

9. en recourant prioritairement, pour les déplacements des personnes, aux transports collectifs et aux circulations douces, afin de réduire la part de l'automobile, et en favorisant les transports de marchandises par le rail, les voies maritimes et fluviales pour réduire les circulations de poids lourds, avec comme objectifs principaux la réduction des émissions de gaz à effet de serre ainsi que la protection de la santé, grâce notamment à des actions d'information et de sensibilisation et la promotion des modes de déplacement non polluants ;

10. en orientant nos politiques vers un aménagement équilibré

des territoires, fondé sur la maîtrise du développement des agglomérations et des pays, et sur la complémentarité entre les espaces ruraux et les espaces urbains ;

11. en favorisant une politique d'aménagement des territoires permettant un accès de chacun aux activités essentielles (emplois, commerces, culture, loisirs, sports...) et, par une politique de mixité sociale de l'habitat, un accès de tous à un logement décent ;

12. en favorisant le développement, au côté du secteur marchand, d'une économie sociale et solidaire (régies de quartier, entreprises d'insertion, etc.) ;

13. en promouvant les achats publics éthiques, par l'inscription de critères sociaux et environnementaux dans l'attribution des marchés publics ;

14. en développant la concertation, pour une citoyenneté active, directe, au plus proche des lieux de vie des habitants, se traduisant notamment par une participation des habitants à la conception, l'élaboration, le suivi et l'évaluation des politiques publiques (budgets participatifs, conseils de quartier, Agendas 21 locaux, etc.) ;

15. en recherchant l'amélioration continue de l'impact et l'efficacité de nos politiques en utilisant des outils d'évaluation, de leur conception à leur mise en œuvre, et en favorisant une large diffusion des résultats obtenus.

Nous nous engageons en matière de coopération décentralisée :

16. à promouvoir et renforcer la coopération décentralisée et les jumelages, c'est-à-dire les échanges et partenariats directs entre collectivités territoriales françaises et étrangères, notamment en faveur du *développement durable*, en privilégiant les coopérations axées sur la formation, le développement des services publics locaux, la lutte contre la pauvreté et les inégalités, et sur la prévention et la lutte contre le sida, la tuberculose et le paludisme, et en y engageant une part plus importante de nos budgets ;

17. à promouvoir et renforcer la coopération décentralisée en direction des collectivités locales des pays d'Europe centrale et orientale, en vue de leur entrée prochaine dans l'Union européenne, en privilégiant l'appui aux capacités de planification urbaine ;

18. à soutenir les associations nationales de pouvoirs locaux dans les pays du Sud et de l'Est pour la mise en œuvre de politiques de développement durable dans un cadre institutionnel décentralisé.

Nous demandons :

● **À l'État :**

19. de poursuivre et renforcer la décentralisation, d'affecter les moyens nécessaires à la mise en œuvre des compétences exercées par les collectivités territoriales et de préserver l'autonomie fiscale assurant une libre administration des collectivités locales ;

20. de développer une plus grande transversalité dans son action, afin que l'ensemble de ses politiques territoriales intègrent le développement durable ;

21. de créer un contexte favorable à la relance des Agendas 21 locaux en soutenant, *via* ses services déconcentrés et les délégations régionales de ses agences, en coopération avec les conseils régionaux, les conseils généraux et leurs organismes associés, les démarches initiées par les collectivités locales ;

22. d'augmenter l'aide publique au développement en consacrant au moins 0,7 % du PNB aux programmes de coopération avec les pays en voie de développement, tout en renouvelant les concepts fondant la politique de la solidarité internationale, et de réserver une part significative de ces montants au financement des projets portés par la coopération décentralisée ;

23. d'associer les collectivités territoriales dans les instances de décision et de mise en œuvre des contrats de développement et de désendettement (apurement et reconversion de la dette des pays pauvres très endettés).

● **À l'Union européenne :**

24. de reconnaître la coopération directe entre collectivités territoriales de pays différents comme outil privilégié du développement durable ;

25. d'adopter des mesures pour associer les collectivités et leurs associations aux différents dispositifs institutionnels et financiers d'élaboration, de mise en œuvre et de suivi des instruments européens s'inscrivant dans le cadre des conventions, protocoles et programmes relevant du développement durable ;

26. de réserver une part significative du financement du développement pour appuyer les projets des collectivités territoriales européennes dans leurs partenariats avec des collectivités du Sud et de l'Est ;

27. de favoriser la diffusion des bonnes pratiques et les échanges d'expérience par l'adoption de programmes spécifiques ;

28. de développer des outils et des indicateurs permettant une évaluation efficace de la prise en compte et de la défense des principes du développement durable dans les politiques publiques menées aux niveaux communautaire, national et local ;

● **Aux entreprises :**

29. de s'associer aux réflexions menées par les collectivités et ONG sur les pratiques innovantes permettant d'assurer un accès équitable aux services publics locaux ;

30. de s'impliquer durablement dans une politique de prévention, par l'amélioration progressive des conditions de production : réduction des atteintes à l'équilibre biologique, meilleure formation des salariés sur l'environnement, réduction des risques, information des populations riveraines, promotion des énergies renouvelables, responsabilités sociales, prise en compte de l'impact territorial des activités ;

31. de coopérer avec les autorités locales pour l'élaboration de normes allant dans le sens de la durabilité ;

32. de s'inscrire dans une démarche de dialogue avec les entreprises du Sud, fondé sur le savoir-faire, la complémentarité, l'intérêt mutuel et la recherche commune de marchés.

● **À la société civile :**

33. d'œuvrer, en collaboration avec les pouvoirs publics locaux, sur la base d'une reconnaissance mutuelle des compétences et légitimités.

● **Aux Nations unies et aux institutions intergouvernementales :**

34. d'adopter la Charte mondiale de l'autonomie locale ;

35. de mettre en place une gouvernance économique mondiale, favorisant des échanges économiques équitables et intégrant les aspects sociaux et environnementaux, avec la création d'une organisation mondiale de l'environnement faisant contrepoids à l'OMC ;

36. de reconnaître le rôle que jouent les collectivités locales dans les stratégies de développement de leur territoire et d'accroître le financement des projets et programmes portés par les collectivités, notamment ceux s'inscrivant dans le cadre de la coopération décentralisée ;

37. d'être très attentives à la préservation et au développement des services publics de base dont le mode de gestion devra être adapté au contexte local (existence et dynamisme des collectivités locales, économie locale, demande des usagers...) ;

38. d'accélérer la mise en œuvre des engagements qu'elles ont notamment pris en matière de lutte contre la pauvreté ;

39. de préserver les équilibres écologiques majeurs, notamment par des engagements concrets de l'ensemble des États pour la mise en œuvre de la convention sur les changements climatiques.

Nous agirons pour que les associations européennes et internationales d'autorités locales :

40. contribuent à la reconnaissance des principes du développement durable et prennent une part active à la préparation, au déroulement, au suivi du Sommet de Johannesburg et à la mise en œuvre de ses conclusions ;

41. soutiennent la coopération décentralisée et les échanges et partenariats entre collectivités territoriales, ainsi que les associations nationales et régionales actives dans ce domaine ;

42. relayent cette déclaration auprès des instances internationales.

MICHEL ALLEX

Maire de Chalon-sur-Saône

LA RÉUSSITE PASSE PAR LE DÉCLOISONNEMENT

Chalon-sur-Saône revendique un engagement fort dans le domaine de l'environnement et du développement durable. Quelles en sont les raisons ?

La dynamique dans laquelle s'est engagée notre ville part d'un constat. Celui du visage que nous offre aujourd'hui notre planète et des menaces qui planent sur notre avenir. Les enjeux paraissent bien éloignés. Dès lors pourquoi s'en soucier, diraient certains ? Cette posture n'est plus tenable aujourd'hui. Ce qui se passe chez le voisin engage aussi notre avenir. Nous ne pouvons faire l'économie d'une réflexion porteuse d'actions.

Rapporté aux grands enjeux écologiques qui concernent l'avenir de la planète, l'engagement de Chalon et les problèmes que nous avons à résoudre peuvent paraître disproportionnés. Quand on parle de lutte contre l'effet de serre, de préservation du climat, on a tout de suite en tête l'image de ces grands sommets internationaux.

Il y a eu la conférence de Rio, celle de Tokyo et, plus récemment, celle de Johannesburg. Les États peuvent bien faire de grandes déclarations de principe. Si chacun d'entre nous, à sa place, ne fait pas les efforts suffisants pour préserver l'environnement, il y a fort à craindre que, dans dix à vingt ans, nous répétions les mêmes objectifs et, peut-être, les mêmes erreurs.

L'environnement, c'est l'affaire de tous. Le respecter, c'est se respecter soi-même. Parce que notre responsabilité d'élus et de citoyens est engagée, la ville de Chalon a décidé de s'impliquer. C'est donc tout naturellement dans cette perspective que s'inscrit

21

la participation de Chalon, ville pilote, au programme Privilèges dont l'objectif vise à mobiliser les différents acteurs du territoire.

Justement, comment votre action se définit-elle concrètement ?

Notre action s'est d'emblée inscrite dans une stratégie globale de protection de l'environnement. Dans ce domaine plus qu'ailleurs, on ne peut se résoudre à des actions ponctuelles et partielles.

Dès 1991, sous l'impulsion de Dominique Perben, la ville de Chalon-sur-Saône créait la première Maison de l'environnement. Réconcilier la ville et la nature, répondre aux exigences de nos concitoyens en matière de qualité de vie et faire de notre cité la première ville verte de Saône et Loire : voilà les tenants de sa création. Quant à ses aboutissants, ils se déclinent par l'information (cf. expositions, plaquettes, etc.), la formation (pour adultes et enfants) et l'expertise au service des enjeux environnementaux locaux.

C'est en ce sens aussi que la ville a créé en 1994 un observatoire de la qualité de l'air avec « Atmosf'Air Bourgogne Sud ». Association loi 1901, cette structure est chargée de la veille et de la surveillance de la qualité de l'air sur le territoire élargi du Chalonnais. C'est aussi pour cette raison que la municipalité insiste à maintenir une densité suffisante d'espaces verts avec plus de 125 hectares réservés à cet effet. Parallèlement, la mairie de Chalon-sur-Saône montre l'exemple dans la gestion de son administration. Elle a développé un « système de management environnemental » dans ses services pour une sensibilisation accrue de son personnel aux exigences du développement durable.

Enfin, soucieuse de dépasser l'opposition quasi dogmatique entre développement et environnement, l'ambition de notre équipe fut dès le départ de ne pas délaisser l'essor économique. À ce titre, la Maison de l'environnement décerne chaque année des prix aux entreprises chalonnaises les plus innovantes et les plus volontaires en matière de protection de la nature.

Aujourd'hui, Chalon-sur-Saône récolte les fruits de son investissement et de ses efforts par une reconnaissance dépassant de loin les simples frontières de l'Hexagone. Identifiée au niveau national comme une collectivité particulièrement active pour ses réalisations environnementales, Chalon s'est vue récompensée. Fin 2002, elle fut classée parmi les cinq meilleurs projets européens dans la lutte pour la réduction des gaz à effet de serre.

L'environnement mobilise Chalon-sur-Saône. Pourriez-vous nous expliquer l'investissement de votre ville dans la lutte contre l'effet de serre ?

Il est vrai que Chalon-sur-Saône s'est beaucoup investie sur ce terrain. Depuis 1997, la municipalité a fait l'acquisition de véhicules GPL afin de limiter l'émission de GES tout en multipliant les contrôles antipollution pour tous les autres véhicules gas-oil ou essence du parc municipal.

Puis nous avons porté nos efforts vers le chauffage urbain avec l'installation d'une turbine de cogénération de 28 mégawatts électriques fonctionnant au gaz (alimentation du réseau de chaleur et production d'électricité). Résultat : 31 tonnes de poussières en moins, 307 tonnes de SO_2 et 38 tonnes de NO_2, en moins rejetées dans l'atmosphère. Parallèlement, nous nous sommes engagés dans la maîtrise de l'énergie à tous les niveaux. Un exemple : les économies d'énergie dans les bâtiments de la ville. Après la sensibilisation des différents services municipaux en 1997, la consommation de gaz a diminué de 4 %, soit 138 tonnes de CO_2.

Nous avons mis en place un groupe d'étude chargé du suivi du schéma directeur cyclable conduisant à 25 kilomètres de réseau actuellement. Notre ambition étant d'offrir à moyen terme plus de 50 kilomètres de pistes cyclables aux Chalonnais.

L'éclairage public n'est pas en reste avec l'ajustement des consommations, la recherche de matériels économiques et performants. Enfin, nous misons sur la régulation du trafic automobile avec un double objectif : celui de la fluidité des déplacements mais aussi et surtout pour gagner en termes de volume d'émissions de GES. Accessoirement, nous constatons un abaissement des nuisances sonores.

Vous évoquez le programme Privilèges. Quels sont ses enjeux ? Qui concerne-t-il ?

Le WWF France, la ville de Chalon-sur-Saône et la Maison de l'environnement, l'Agence de l'environnement et de la maîtrise de l'énergie (ADEME), ainsi que l'Union européenne, ont signé, le 14 novembre 2002 à Chalon, une convention visant à réduire de façon significative les émissions de gaz à effet de serre sur l'ensemble du territoire chalonnais et son bassin industriel. Dans ce cadre, la ville et son bassin industriel s'engagent à montrer qu'il est possible, en seulement trois années, de réduire les émissions de gaz à effet de serre, au moins autant que le prévoient les engagements internationaux sur dix ans.

L'excès d'émission de gaz à effet de serre n'est plus à démontrer. De nombreux sommets internationaux ont tiré le signal d'alarme et réclamé des mesures d'urgence. Des bonnes intentions à la pratique, il y a un fossé qu'il nous faut essayer de combler en ancrant la lutte contre l'effet de serre dans des projets concrets. Chalon-sur-Saône a concouru et son dossier a été retenu.

Je veux souligner le caractère innovant de la démarche du programme Privilège. Il instaure pour la première fois un partenariat entre une ONG internationale (le WWF), une collectivité locale (Chalon-sur-Saône), un établissement public de l'État (l'ADEME) et une structure locale de regroupement d'entreprises. Ici, il n'y a plus de barrière entre les différents échelons, entre les différentes structures. C'est à mon sens l'un des nombreux enseignements de ce programme. La réussite passe par le décloisonnement. Celui des esprits, des structures et des territoires bien sûr...

Plus précisément, que contient le programme Privilèges ?

Comme je vous l'ai dit, il s'agit d'avoir une approche globale des problèmes liés à l'effet de serre et d'engager une action dans la durée. Le programme Privilèges, c'est cinq actions sur trois ans. D'ici à août 2005, nous devrons avoir mis en œuvre un plan d'action éco-industriel destiné à réduire les entrées et les sorties d'énergie et de déchets à l'échelle du bassin chalonnais. Nous nous sommes également donné pour objectif de réaliser un plan local de réduction des émissions de gaz à effet de serre visant à l'économie d'énergie et au recours aux énergies renouvelables. Nous devrons enfin engager toute une série d'initiatives pédagogiques favorisant la diffusion de ces actions et l'information de nos concitoyens.

À ce propos, qu'en est-il de l'engagement des acteurs industriels ?

Chalon-sur-Saône et son agglomération forment un des principaux pôles économiques en Bourgogne. Agir sur le tissu industriel et prévenir ses incidences sur l'environnement était une nécessité. Avec nos différents partenaires, nous avons donc élaboré un plan d'action éco-industriel destiné aux industriels locaux. Ce plan a pour but d'effectuer un bilan des flux d'énergie et de déchets au niveau du bassin chalonnais. Il s'agit de limiter ces entrées et sorties, et d'agir sur l'émission des gaz à effet de serre. L'idée est de mettre en œuvre le plan d'action avec les entreprises locales, d'assurer son suivi et d'en mesurer l'impact.

Sous couvert du programme Privilèges, la Maison de l'environnement et la Chambre de commerce et d'industrie se sont associées dans le cadre du Fonds pour l'innovation à l'environnement pour mener à bien ce plan d'action. Il prévoit notamment une information des industriels sur les possibilités de maîtrise des gaz à effet de serre et une aide à la mise en œuvre de solutions techniques économiquement performantes pour les entreprises.

Ces diagnostics réalisés par des bureaux d'études spécialisés permettent d'identifier la consommation d'énergie en entreprise et de proposer une meilleure maîtrise de leur usage. La démarche n'est pas spontanée. Elle fait écho au Prix pour l'innovation à l'environnement institué dans notre ville en 1994 par la Maison de l'environnement. Son principe rejoint le plan d'action éco-industriel en encourageant les industries locales à développer leur compétitivité tout en intégrant la dimension environnementale. Nous sommes bien au cœur du développement durable.

Et pour ce qui est du volet des collectivités ?

Il comporte trois phases : un recensement des actions innovantes engagées par les collectivités locales françaises et européennes, la restitution de ces actions au plus grand nombre et l'application au plan local des mesures les plus adaptées. C'est un peu le principe du guide des bonnes pratiques.

Dans ce cadre, la ville de Chalon-sur-Saône a mis sur pied un plan municipal de lutte contre l'effet de serre qui passe par toute une série de mesures. La révision du plan local d'urbanisme (PLU) s'inscrit résolument dans une perspective de développement durable. Le PLU prévoit notamment la réalisation d'une zone d'habitation en haute qualité environnementale (HQE). Il s'articule avec les objectifs du plan de déplacement urbain au niveau de l'agglomération. La politique que mène Chalon en faveur des deux-roues participe de cette volonté. C'est tout l'enjeu de la création de nouveaux aménagements cyclables et de l'entretien du réseau existant.

La réduction des gaz à effet de serre passe aussi par les économies d'énergie et le recours aux énergies renouvelables. Notre plan municipal de lutte contre l'effet de serre veut réduire la pollution et les coûts d'exploitation du chauffage urbain par le biais de la cogénération, et vise à optimiser l'évolution des réseaux par un contrôle et une renégociation des contrats de distribution d'énergie.

Les économies d'énergie sont au cœur de notre réflexion. Au point d'ailleurs d'avoir suscité un groupe de travail permanent et de produire un rapport d'activité de la cellule énergie. Sur cette base, le plan municipal de lutte contre l'effet de serre s'est orienté dans plusieurs directions. Des actions sur les bâtiments, tout d'abord (travaux d'économies d'énergie, rénovation de chaufferies, pré-diagnostics énergétiques, bilan des fluides, achat d'équipements de bureau « énergétiquement sobres »). Mais aussi des actions sur les infrastructures, en particulier l'éclairage public et la signalisation des feux tricolores, sans oublier le renouvellement et le suivi du parc automobile municipal, intégrant la formation des mécaniciens et des chauffeurs.

Tout ce travail de réflexion doit pour beaucoup au système de management environnemental piloté par les ateliers municipaux et expérimenté dans plusieurs services techniques de la ville.

Enfin, notre ville veut être aussi incitatrice. Notamment pour promouvoir les modes de déplacement doux. Notre plan prévoit la sensibilisation du public scolaire à l'utilisation du vélo comme mode de déplacement. L'organisation de la Fête du vélo et de la Journée sans voiture va dans le même sens : éduquer, informer, sensibiliser.

JEAN-CLAUDE ANTONINI

Maire d'Angers

PARTAGER POUR MIEUX VIVRE ENSEMBLE

Pourquoi Angers a-t-elle été une des premières villes à élaborer un Agenda 21 ? Quels sont les enjeux pour vous ?

Avant les enjeux, il y a les convictions. Et les convictions, c'est le chemin de Damas. Je me suis rendu à Rio en tant que président du Conseil national du bruit en France. Je me suis beaucoup occupé du bruit, et j'étais un de ceux qui ont participé à la loi Bruit de Ségolène Royal. J'y suis allé aussi parce que j'ai attaché beaucoup d'importance au développement durable dans les pouvoirs locaux. Et je pensais que, si les villes ne se mettaient pas à lutter contre le bruit, rien ne bougerait.

Il y a eu des échecs, bien sûr, puisque je suis allé récemment à Johannesburg pour me rendre compte que les problèmes restaient intacts, mais je pense que dire que les maires, qui sont des gens de proximité, sont vraiment ceux qui sont le plus à même de prendre en compte ces réalités est une bonne approche. Et, à Rio, je me suis rendu compte que mon petit problème de bruit n'était pas le problème de Calcutta, du Mali, des pays d'Amérique du Sud. Mais, en revanche, il entrait dans une composante qui était celle du développement durable.

Je me suis dit qu'il était impossible de rester en marge, à s'occuper de choses intéressantes mais ponctuelles. Il faut aussi aborder les choses globalement. Sans être chef d'État, sans être secrétaire de l'ONU, mais en tant que maire adjoint d'Angers. Et j'ai commencé à réfléchir sur les moyens d'action locaux pour arriver à faire du développement durable. Car je crois au système de la contamination : si l'on est une seule ville à faire quelque chose, ça ne sert à rien. Si, dans un État, un pays, on est cinquante villes, puis cent villes, puis mille villes, progressivement le pays va prendre une orientation de développement durable.

C'est exactement comme si on mettait un aimant au milieu de limaille de fer ; on fait passer un champ magnétique et la limaille de fer s'oriente selon les ordres du champ magnétique.

Je suis persuadé que chez tous les gens, et en particulier les élus locaux, il y a ce sentiment profond qu'on va dans le mur, et nous y allons vraiment. Seulement, il faut redonner l'espoir. Je suis fermement convaincu que c'est par nous, collectivités locales, que les choses arriveront : l'État, les gouvernements, l'international auront donné les axes ; mais l'implication, ce sera nous qui la ferons.

Pourquoi ? Parce que c'est nous qui gérons l'eau, les déchets, les effluents, qui protégeons l'environnement de nos villes, qui construisons des logements sociaux, qui discutons avec les administrés, les pouvoirs économiques, les entreprises...

Mais comment entraîner ce tissu entreprenorial, vos entreprises qui sont à Angers ? Pouvez-vous les inciter à se mobiliser dans ce sens ?

C'est assez extraordinaire de se rendre compte que, nous trouvons des partenaires qui sont, aussi bien des PME, des artisans ou des grandes entreprises, complètement convaincus que l'avenir de l'entreprise passe par le respect de l'environnement, notamment, et par la conviction qu'ils ont désormais un rôle citoyen.

Je prends un exemple : SCANIA, qui est une entreprise suédoise implantée à Angers avec 700 personnes. L'entreprise est certifiée ISO 14000 et elle respecte l'environnement, développe l'économie locale...

Quand je suis devenu Maire, j'ai dit à mes collègues : « Le développement durable c'est simplement du développement intelligent ».

C'est votre définition du développement durable ?

C'est un développement qui prend en compte les réalités telles qu'elles sont : il faut simplement lever un peu la tête du guidon, voir un peu mieux où l'on va, et après ça agir. Parce que, si nous ne faisons pas dans le concret, nous, les collectivités locales, alors nous sommes « à côté de la plaque ». Cela veut dire aussi que l'on doit intégrer les normes du développement durable et convaincre les acteurs pratiques : lorsque l'on fait un chantier, il faut convaincre tout le monde pour que le chantier soit aux normes. C'est peut-être 3 % de plus d'investissements, mais c'est aussi et surtout 10 à 15 % de réflexion en plus.

Et ça, on l'a montré sur les chantiers municipaux. Ce qui me fait plaisir, c'est que maintenant les entreprises de rénovation urbaine intègrent cette notion de développement durable.

Un maire qui est élu pour six ans peut-il mettre en place une réelle stratégie de développement durable ?

Oui. Parce que, lorsqu'on met en place des choses, elles évoluent inexorablement dans le temps. Mes successeurs continueront parce qu'ils ne pourront plus faire autrement. Parce que, justement, c'est intelligent. C'est en fait un élément de conviction.

La durabilité, c'est important parce que je suis héritier des maires précédents, et les autres qui suivront seront mes héritiers. En réfléchissant un peu plus, en essayant d'anticiper, on évite les grosses erreurs. Quand on a imperméabilisé les sols de dizaines et de dizaines d'hectares, on s'est rendu compte qu'on augmentait considérablement les risques d'inondation, que ça entraînait des problèmes de pollution, mais aussi de « mal-être » parce qu'on ne vit pas bien dans une ville en béton.

Il y avait précédemment tout un réseau de petits ruisseaux qui participaient au drainage, au ralentissement des eaux, etc., mais ils ont disparu. Il aurait fallu anticiper et réfléchir un peu plus. C'est-à-dire ne pas se laisser séduire par des paillettes et ne pas hésiter à mettre plus d'argent dans des choses qui semblaient moins importantes au départ.

Mais où placer la limite ? Le développement durable doit tenir compte des contraintes économiques, et je ne veux pas non plus mettre la ville dans une position de faiblesse économique sous prétexte que je veux faire des choses qui soient toujours idéalement bonnes... Il y a des moments où il faut transiger. Mais transiger ne veut pas dire céder à la facilité. Cela veut dire simplement, comme dans tout combat, qu'il vaut mieux parfois une retraite stratégique pour mieux avancer après. Et la retraite stratégique, évidemment, ce sont les investissements à faire, les possibilités financières d'une ville...

Avoir cette attitude pragmatique, et en même temps idéaliste, de dire : « Je travaille pour le développement durable » peut aider à convaincre d'autres acteurs. La ville d'Angers est le centre d'une agglomération de 29 communes. Et les maires des communes, dans leurs documents d'urbanisme, dans leurs projets de développement d'agglomération, ont complètement intégré cette réalité parce qu'ils sentent bien que c'est la véritable réalité. Tous disent vouloir travailler avec la ville centre sur ces questions car son expérience et sa réflexion sont une véritable ressource pour toute l'agglomération. Il est plus facile pour une grande ville d'avoir cette réflexion motrice parce qu'elle dispose des moyens techniques, des moyens intellectuels et des moyens financiers. Moyennant quoi, après, chacun suit et prend ce qu'il peut faire pour avancer dans le chemin du développement durable.

Vous insistez beaucoup sur les moyens financiers... qu'attendez-vous de ces organismes financiers, des banques qui accompagnent vos projets, en matière de développement durable ?

J'attends qu'ils aient eux aussi cette connotation « développement durable ». Lorsque vous menez à bien un projet environnemental en matière de construction, notamment, non seulement vous avez un projet qui, sur le plan de l'avenir, sera déconstructible facilement, ne polluant pas... Qu'est-ce qu'un quartier ou une ville ? C'est une mutation permanente ou une mutation accélérée parfois, mais une mutation lente et subtile le plus souvent. Ça, c'est le dur, le hard. Le soft, c'est simplement faire en sorte que les gens qui sont à l'intérieur aient des meilleures conditions de vie, une qualité de vie bien supérieure, avec un environnement et des espaces extérieurs de qualité... C'est prendre en compte non seulement leur habitat, mais aussi tout ce qui va autour. Les banques sont intéressées par la longévité des intérêts : nous leur assurons une meilleure garantie. C'est en plus une opération communication tant vers l'externe que vers l'interne qui n'est pas nulle pour ces groupes bancaires.

Comment motiver votre personnel, à la fois en mairie et dans les appareils institutionnels ? Sentez-vous une réelle motivation de la part de la population aussi ?

Le risque, c'est effectivement de développer un discours qui n'est traduit que par quelques décideurs ou par des gens qui n'y croient pas.

Nous avons développé à Angers une grande campagne sur l'isolation phonique des écoles. Certains ont dit : « C'est une aubaine », mais pour faire tout autre chose, et se sont contentés de mettre de la peinture neuve sur des murs anciens, ce qui n'a rien changé à l'acoustique. Moyennant quoi, ils ont eu une subvention pour le faire. Ce n'est pas ça que je veux. Je souhaite que les gens sachent qu'ils sont de véritables acteurs.

J'ai commencé dans les services municipaux, par les bâtiments, par la voirie, et je me suis fait interpeller parce que les gens disaient : « On veut que cela donne du sens à notre travail... Il faut que vous alliez plus loin dans votre réflexion... Il faut que vous disiez : certes, on fait une école développement durable avec une véritable concertation avec les professeurs, les parents d'élèves, avec les élèves même, avec les entrepreneurs. Vous allez regarder ça sur un plan d'urbanisme général pour savoir si c'est intéressant pour l'avenir du quartier, mais ce que je veux que vous m'expliquiez, monsieur le maire, c'est où je me retrouve moi, petite pierre de l'édifice. Est-ce que je participe vraiment à un ensemble qui est cohérent et qui va dans le sens du développement durable de la cité ? »... Et cette interrogation nous oblige à aller beaucoup plus loin dans la recherche de l'authenticité.

Dans ce sens, il faut trouver des moyens et des outils. Les outils sont de plusieurs ordres. D'abord, il y a la conviction. Le deuxième outil, c'est la formation, et nous allons entreprendre, avec le directeur général des services, un plan de formation générale du personnel de la ville et de l'agglomération en matière de développement durable en commençant par répondre à une interrogation : « Je comprends le concept mais, à mon poste, où puis-je m'y intégrer ? »... « À l'état civil, est-ce que je peux m'intégrer ? Dans la voirie, est-ce que je peux m'intégrer ? » Ce qui n'est pas forcément aussi évident que dans le bâtiment. C'est pour cela que j'aime parler d'un développement intelligent : chacun peut se servir de son intelligence prospective et analytique pour prendre de la hauteur sur son action. Nous ne faisons pas de grands diagnostics, mais chacun fait déjà son petit diagnostic sous l'angle du développement durable. Bien sûr il faut soutenir et équiper les agents pour leur permettre d'analyser leurs pratiques.

Est-ce que le développement durable peut être un outil, un atout d'intégration sociale avant tout ?

Ce n'est pas seulement un outil : c'est un atout. À partir du moment où les habitants sentent qu'il y a une volonté de proximité, de démocratie, de participation, de concertation, ils adoptent une attitude de confiance et non de méfiance. Parce qu'ils se disent : « On n'est pas tout seuls face à l'adversité... » Et les gens qui arrivent disent : « On n'arrive pas dans une ville hostile parce que je n'ai devant moi qu'un interlocuteur dont tout dépendra »... Nous avons une ville avec un dialogue extrêmement riche, qu'on entretient, qu'on encourage, et ce n'est pas toujours facile, mais on avance ensemble. Moyennant quoi on peut se dire des choses, et lorsque dans un quartier il y a des gens qui restent un peu sur le côté, il y a une solidarité qui est encouragée par nous mais qui n'est pas faite que par nous. Nous ne sommes pas les seuls acteurs à ce moment-là. Nous sommes simplement les « faciliteurs ». C'est comme ça que ça marche, et ça fonctionne plutôt bien.

Du coup, nous aplanissons les difficultés et rentrons dans un système plus cohérent avec un corps social qui tend vers la perfection et l'harmonie, sans l'atteindre toutefois. Ça prendra du temps. Parce qu'il y a des essais qui meurent et qui échouent : il faut recommencer et ne jamais se décourager. Nous nous donnons le droit à l'erreur. Ce qu'il faut, c'est commencer à la marge, c'est changer les choses, requalibrer les quartiers pour que les rapports de force soient différents et on y réussi assez bien.

Que pensez-vous du dernier Sommet de la Terre à Johannesburg ?

J'y suis allé. Et je reste optimiste. D'abord, on ne serait pas Maire si on n'était pas optimiste. Optimiste et plein de convictions, ce qui nous permet de passer au-delà des petits moments de découragement ou des baisses de régime.

Par contre ce qui est vrai, c'est que à Rio, nous étions très, très peu d'élus locaux. En définitive c'était très « Onusien ». À Rio, c'était très conceptuel. À Johannesburg, nous avons été très nombreux comme communautés territoriales, de tous les pays... j'ai rencontré des gens du Massachussets, des gens d'Amérique du sud, des maires, des élus locaux. On n'était plus seuls. On se sentait en phase. Et troisième point, et ce n'est pas le moins intéressant, les donneurs d'ordres économiques s'intéressaient à nous. Nous n'étions pas que des « anecdotes » mais des partenaires. Et là aussi nous avions plus seulement un rôle national, mais international avec la coopération décentralisée, de ville à ville. Par exemple, avec Bamako, nous faisons ensemble, avec la population. On n'a jamais donné d'argent mais on a toujours travaillé avec eux sur des projets, qu'ils montaient eux, qui étaient validés par nous, en tant que partenaires. Nous avons collaborés en parfaite intelligence. Ce n'est pas du coup par coup, c'est dans un plan général. Nous créons actuellement le sixième centre de santé communautaire à Bamako...il y en a un par quartier et on offre toujours aux populations la possibilité de mieux travailler. Les Maliens avaient commencé à travailler sur ce centre avant que nous nous y intéressions : il y avait d'abord des associations qui avaient engagé des médecins, pour ce centre de santé communautaire, qui était mal logé. On a travaillé ensuite avec eux pour les accompagner, on a créé un système de bâti qui était en accord avec le bâti local malien, en particulier avec des systèmes de ventilation extraordinaires et on a essayé ensemble de créer un système reproductible. Il s'agit de modules qu'on met les uns à côté des autres dans les quartiers, et chaque fois sur un terrain qui est offert par la municipalité, qui est géré par les associations et les médecins. Nous, nous n'arrivons simplement que comme appui, pour donner à un moment donné le coup d'épaule nécessaire pour faire basculer les choses.

Nous agissons d'une manière importante sur le plan de la santé, de la culture ainsi que sur le plan de l'élimination des déchets. Et si vous multipliez ça par cinq municipalités du nord et cinq municipalités importantes du sud, je peux vous dire que la coopération peut avancer à grand pas.

Désormais, dans vos appels d'offres, allez-vous privilégier avant tout les entreprises qui mettront en avant leurs atouts développement durable ?

Le système des marchés français est très rigide. Il n'existe pas encore de possibilité de mettre « le mieux-disant développement durable » comme il n'y avait pas « de mieux-disant social ». Mais par contre, dans les cahiers des charges, nous mettons systématiquement des contraintes qui vont dans le sens du développement durable. Ce qui implique que, si on veut répondre au cahier des charges, il faut prendre les engagements nécessaires.

Pensez-vous que les entreprises connues qui vous apportent leur technicité dans l'eau, les transports, les déchets, l'énergie sont déjà prêtes à respecter ces cahiers des charges ?

Non seulement elles sont prêtes, mais elles sont demandeuses. Les nouveaux dirigeants ont conscience qu'ils ne peuvent pas continuer à exister en étant rejetés par l'ensemble du corps social.

Quelle est la brève définition du développement durable pour votre ville ?

C'est le mieux-vivre ensemble. Partager pour mieux vivre ensemble. Parce que, si l'on ne partage pas les idées, les manières de voir les choses, on ne peut pas mieux vivre ensemble. Le développement durable, ce sont les moyens de se développer, parce que pour mieux vivre il faut se développer. Je suis médecin : quand un corps ne vit pas, il meurt. Il a besoin d'un développement, d'un renouvellement et des motivations pour vivre ; c'est évident que c'est la population, c'est l'homme qui est vraiment au cœur de ce développement durable. Ce n'est pas uniquement pour faire plaisir à la ville que je fais des choses mais pour la planète, car finir par être rejeté par la planète n'est pas ce que je souhaite à mes enfants.

Cela dit, je ne suis pas pour l'unanimisme sur le plan politique, mais je pense que certaines actions peuvent être menées en convergence.

Qu'allez-vous faire dans les mois, les années à venir ?

Nous lançons en ce moment les conseils de quartier, qui seront les conseils consultatifs des associations, des habitants et des élus dans chaque quartier, mais en plus, autour de cela, se greffent des choses beaucoup plus originales. Nous lançons par exemple un comité des gens qu'on n'interroge jamais, dont la parole n'existe pas. Au sein du comité d'usagers du CCAS, ils s'expriment et ils arrivent à susciter des choses, à faire partie de ce qu'on appelle des commissions de cadre de vie qui sont associées aux rénovations des quartiers... ils donnent leur avis sur un quartier, mais aussi sur la ville, sur le développement de la ville. On n'est pas toujours d'accord, mais on avance.

Un exemple très simple pour montrer la divergence qui peut exister : nous consultons les riverains concernés par un changement du sens de circulation de leur rue. Mais on consulte aussi l'usager, c'est-à-dire les enfants qui sont à l'école un peu plus loin et qui vont traverser cette rue, les entreprises qui sont à côté et qui ont besoin de cette rue, la salle de sports qui est à deux pâtés de maisons mais dont les gens passent par la rue, et la décision est prise en parfaite harmonie avec tout le monde et non pas uniquement avec les habitants de la rue.

Il s'agit tout simplement d'une bonne gestion municipale ?

Je vous ai dit : c'est le développement intelligent.

Mais tous les maires devraient le faire !

Je pense qu'ils le font tous, quelque part. Simplement, ce qu'il faut, c'est ne pas en rester là et s'engager dans une action globale, se soustraire à la tendance naturelle, à laquelle on n'échappe pas, de la gestion au coup par coup avec les seules élections en ligne de mire... Il faut voir plus loin. C'est le développement durable avec la valeur « temps » qui est essentielle.

Avez-vous des indicateurs de mise en application, d'évaluation de votre programme ?

Le problème est effectivement l'évaluation. Parce que si on n'évalue pas, on ne sait pas. On peut se faire plaisir mais cela n'est pas suffisant. Attention toutefois aux indicateurs qui peuvent être paradoxaux !

Un exemple : quand vous vous occupez de développement durable et de concertation, le meilleur indicateur ce sont les protestations des gens qui ne se sentent pas assez concertés. C'est un très bon indicateur. Et c'est paradoxal : quand on lutte contre le bruit, on ne fait pas diminuer les plaintes contre le bruit, on les fait augmenter. Parce que le seuil de tolérance des gens diminue. La nouvelle gouvernance, c'est faire en sorte que chacun donne son avis, ce qui crée un énorme appel d'air.

C'est un des indicateurs ; il y a des indicateurs qui sont beaucoup plus techniques, la diminution de la consommation d'énergie, la pureté de l'eau, la pureté de l'air – là, ce n'est pas encore parfait – et aussi les critères économiques... Pour le bruit, il y a des micro-indicateurs qui sont importants : les enfants qui sont moins exposés au bruit dans les classes, dans des cantines parfaitement non réverbérantes, avec du mobilier pensé, avec de la vaisselle pensée en fonction du bruit, sont moins fatigués, ils travaillent mieux l'après-midi et ils ont de meilleurs résultats. Ils ont une meilleure attention en tout cas.

Et, dernier point, un des indicateurs importants est le fait d'être crédible sur le long terme.

Mais comment le mesurer ?

Les gens ne sont pas si sensibles que ça à la propagande et aux mots. Ils savent bien vous dire : il est évident qu'on ne peut faire n'importe quoi, parce que si on veut pérenniser les choses il faut aussi que les finances suivent, ça veut dire aussi que les entreprises, qui ont complètement conscience d'être partie prenante financièrement dans la vie de la cité, savent nous interpeller en disant qu'il faut qu'on reste crédible.

Mais ces indicateurs n'existent pas encore au niveau des villes et des collectivités locales ?

Non. On est en train de les construire à Angers et c'est une des raisons pour lesquelles j'ai demandé l'aide de spécialistes qui réfléchissent sur ces indicateurs qui soient fiables sur le court, le moyen et le long terme. Je veux dire par là qu'il n'en faut pas 70 : il faut des indicateurs qui bougent et qui puissent évoluer. Ça ne m'intéresse pas d'avoir le taux de nitrates de la Maine parce que je sais que ça va mettre 10, 15 ans à diminuer... À moyen terme, ce qui m'intéresse par contre, c'est le nombre de bactéries qui se développent, les algues... S'il y en a de plus en plus, ça nous pose un problème, ça veut dire que non seulement ce n'est pas ma ville qui est responsable mais d'autres acteurs.

Certains indicateurs correspondent à des compétences nationales... Je suis chargé en tant que maire d'évacuer, de brûler les déchets : je suis au bout de la chaîne. Je suis chargé de traiter non seulement les déchets ménagers, c'est-à-dire les épluchures de pommes de terre et le papier, mais aussi tous les emballages. J'interpelle les gouvernements sur leur responsabilité dans la production à tout va d'emballages. Rien n'est fait pour les limiter et ce sont les collectivités locales qui sont confrontées à leur élimination : les indicateurs d'émissions toxiques à l'incinération mettent en cause les collectivités alors qu'elles arrivent clairement en bout de chaine.

Pourrait-on imaginer qu'un jour des agences de notation indépendantes notent votre action ?

Tout à fait. Le système de notation est un système imparfait, discuté : nous sommes partis sur une notion de système de certification. Notre office du tourisme, qui dépend de la ville et de l'agglomération, vient d'être certifié, le parc des expositions vient d'être certifié ISO 14 000. Et je pense que l'idéal serait que la ville d'Angers soit certifiée.

Cela suppose d'abord que je fasse un travail préliminaire de conviction et ensuite un travail avec un ou des organismes de certification.

Dernier point. Si je vous dis : Commerce équitable, votre ville va se lancer dans le commerce équitable ?

On a commencé dans le plus simple, donc dans les consommables, et on est en train de chercher, là aussi, des critères objectifs pour les matériaux plus lourds. Et ce n'est pas forcément facile de garantir une traçabilité. Avec mon adjoint, nous avons commencé par le commerce équitable pour le chocolat, le café, tous les consommables. On pense maintenant aux matériaux de construction, les bois exotiques...

MARTINE AUBRY

Maire de Lille

UNE GRANDE UTOPIE MOBILISATRICE

Quelle est votre définition du développement durable?

Ce n'est pas un concept facile, mais je crois que c'est un concept porteur de sens, dans une période où on est en recherche de sens; on voit bien le décalage qui existe aujourd'hui entre le politique et les concitoyens. Au niveau local, mondial, ce sont partout les mêmes questions: le politique peut-il jouer un rôle face à l'évolution de la planète? Grande question. Et sans être une réponse fermée, je dirais que le développement durable est une grande utopie mobilisatrice.

Quand vous dites utopie, ce concept n'est pas péjoratif, au contraire, est-ce un nouvel élan, peut-être, porté par les collectivités locales?

Absolument. L'utopie, pour moi, c'est ce qui donne justement une perspective au moment où de nombreux citoyens connaissent des problèmes urgents et ont parallèlement de très grandes inquiétudes par rapport à leur avenir. Je crois que dans le passé il y avait le sentiment que l'avenir était porteur de progrès, que la technologie, la technique allait tout résoudre. On s'est aperçu, à la fin du XXe siècle, que les grands problèmes de notre société (la faim, la pauvreté...) non seulement n'étaient pas résolus, mais qu'au contraire ils s'aggravaient. Aujourd'hui trop de citoyens ont peur de l'avenir. Le développement durable participe d'une volonté de se réapproprier l'avenir d'une manière positive autour d'un futur solidaire.

Comment faire pour que vos concitoyens, vos administrés puissent s'approprier ce concept ?

Déjà, lors de l'élaboration de l'Agenda 21 lillois, l'originalité a été la forte implication associative. La ville de Lille a mis en place une Maison de la nature et de la citoyenneté, qui a été la première en France, composée aujourd'hui d'une centaine d'associations très diverses, d'environnement mais aussi de solidarité internationale, de droits de l'homme, de consommateurs, etc. Or la Maison de la nature et les associations ont été des partenaires très actifs dans l'élaboration de cette stratégie. La ville de Lille a donc eu une démarche un peu atypique dans l'élaboration de l'Agenda 21, aujourd'hui point d'appui dans sa mise en œuvre.

Cette maison de la Nature a vu le jour quand ?

En 1978. On vient de fêter les 25 ans. C'est vrai qu'elle est assez symbolique d'une recherche d'une réelle citoyenneté. Il faut savoir que, dans cette maison de la nature, existait dès 1990 un collectif qui travaillait déjà autour du concept du développement durable. il a préparé la Conférence de Rio en 1992, et s'est engagé pour sa mise en œuvre.

Ainsi, le début de l'histoire commence par une maison de la Nature, en 1978, on élabore une première stratégie, qui va déboucher sur le Sommet de la Terre de Rio en 1992, et s'est poursuivie pendant ces dix dernières années. Avez-vous constaté sur le terrain que les militants, qui participaient à cette première maison de la Nature, ont gardé les mêmes préoccupations ?

Cette participation s'est élargie, la volonté de la ville est de ne pas se limiter uniquement aux partenaires les plus convaincus, mais de l'élargir à des publics pour qui le mot développement durable ne dit rien de précis, avec une stratégie qui essaie de les impliquer, très concrètement dans le quotidien.

Vous êtes partis du concept de la nature pour en arriver à un concept plus large. Est-ce la bonne démarche pour vous ?

Il est vraiment urgent de donner un contenu concret au concept de développement durable. Aujourd'hui c'est un peu l'auberge espagnole, on peut y mettre des choses très différentes. Il est vrai que, pour beaucoup de gens, cela apparaît relever de la pub ou du marketing. Je crois qu'on ne pourra pas rester encore longtemps sans décevoir ceux qui, justement, y voient une source d'espoir, si on ne donne pas concrètement des signes forts par un changement de culture très concret, tant dans la gestion de la ville qu'à différents niveaux dans la gestion de la planète.

Où en êtes-vous au niveau de l'élaboration de votre Agenda 21 ?

Il a été élaboré à partir de 1996, donc avant le renouvellement du conseil municipal, et signé en juin 2000 par moi-même en tant que première adjointe, la présidente de la Maison de la nature, le conseil municipal d'enfants, symboliquement très fort, et aussi par des entreprises, affichant ainsi la volonté de ne pas faire du développement durable les uns contre les autres mais d'impliquer les entreprises qui acceptent des engagements précis, comme la Société des Eaux du Nord, qui appartient au groupe Suez, Dalkia qui appartient à Vivendi Environnement, et EDF, GDF, etc. L'Agenda 21 lillois a donc été signé en juin 2000 et, dès mon élection, j'ai mis en place un pôle développement durable et confié à l'ancienne présidente de la Maison de la nature, Danielle Poliautre, cette délégation : j'ai souhaité ainsi marquer cette volonté d'une manière très forte.

J'ai également souhaité que chaque année un des chapitres de l'Agenda 21 fasse l'objet d'une campagne spécifique donnant du temps à la mobilisation, car le développement durable est justement l'inverse de la dictature de l'urgence. Bien sûr il y a les problèmes cruciaux à régler, dans un délai très rapide, mais cela ne doit pas faire perdre de vue la nécessité de les inscrire dans des stratégies à long terme. La ville s'est donc fixé, chaque année, un thème de campagne qui doit permettre de mobiliser très largement l'ensemble des partenaires locaux, les habitants, les entreprises, les enseignants, les écoles, les jeunes comme les plus âgés, etc. et en même temps d'articuler la démarche locale et mondiale. Cela participe ainsi d'une volonté de ne pas rester enfermé dans un territoire. D'où la nécessité également d'entrer dans des réseaux, dans des partenariats, avec la volonté de modifier localement, mais aussi à d'autres niveaux, un certain nombre de politiques ou de pratiques qui vont à l'encontre d'une démarche de développement durable.

Comment s'élabore votre Agenda 21 ? Avez-vous commencé par des secteurs précis, des chapitres précis ? Les transports, l'eau, les déchets… ?

Dans l'Agenda 21 figurent des chapitres sur l'eau, l'énergie, les déchets, les transports, la qualité de l'air, les espaces verts, etc., mais aborder le tout en même temps, dans une période où justement peu d'habitants comprennent ce qu'est le développement durable, apparaissait très difficile. Notre objectif a été de prendre un thème annuel. Le premier thème qui a été choisi a été celui de l'eau. Et on a vu à Johannesburg à quel point le thème de l'eau avait été un bon choix. Cette campagne s'est articulée autour de quatre objectifs : économiser, protéger, partager, valoriser l'eau… un travail considérable a été réalisé par l'ensemble des élus, services, etc. C'était la première campagne de notre Agenda 21. Le bilan a été présenté tout dernièrement après évaluation par les associations, ainsi que par un bureau d'études indépendant. Donc, douze mois pour contribuer à faire émerger une nouvelle culture de la gestion de l'eau dans la ville et au niveau planétaire.

Il a fallu pour cela dialoguer avec d'autres collectivités, telle la Communauté urbaine de Lille, qui a compétence en matière de distribution et d'assainissement. Et l'objectif a été de dire : on ne prend pas la compétence eau, en parlant de l'eau, mais comment s'implique-t-on dans une nouvelle culture de gestion de cette ressource qui devient très rare ?

Comment avez-vous mobilisé la population ?

De très nombreux outils de sensibilisation ont été diffusés. L'ensemble des services de la ville s'est impliqué : par exemple le service des sports qui utilise beaucoup d'eau et qui a élaboré avec les associations sportives une charte d'engagement pour préserver sa qualité. Le but n'est pas seulement de mettre en évidence des problèmes, mais c'est aussi d'avoir des aspects festifs, autour d'un thème, pour rendre ce que l'on appelle aujourd'hui le développement « désirable » ; car le développement durable, ce ne sont pas d'abord des contraintes, mais aussi des opportunités pour une appropriation collective. Un livret de l'éco-citoyen a été diffusé dans le journal municipal, avec ce thème : économisez l'eau : « Ce qui est bon pour votre porte-monnaie est bon pour la collectivité, mais aussi bon pour les générations futures. » Un travail a été mené avec les enfants de toutes les écoles lilloises pour préparer une exposition, des textes, des dessins, des maquettes, qui ont été présentés pendant la Journée mondiale de l'eau, le 22 mars 2002 ; ces réalisations ont fait ensuite l'objet d'une sélection, par des enfants du conseil municipal d'enfants, pour élaborer un livret éco-citoyen, diffusé ensuite dans toutes les écoles de Lille. Les enfants du conseil municipal d'enfants ont parallèlement élaboré une charte d'engagements, sur dix points où ils s'engageaient à économiser, protéger, partager. Certains engagements sont plutôt en direction de leurs parents ! Trois grands colloques ont été organisés : un colloque sur « Le droit à l'eau, un droit fondamental des droits de l'homme » – à l'occasion de la Journée des droits de l'homme, avec la dimension – locale, la lutte contre l'exclusion, avec la dimension internationale, le droit à l'eau partout dans le monde, en nous inspirant des engagements de Rio – et aussi sur le droit à la transparence, le droit à la démocratie. De nombreux thèmes concrets ont été abordés. Comment aujourd'hui les plus démunis, notamment dans le logement social où les deux sources d'endettement des ménages sont l'eau et le chauffage, peuvent-ils avoir accès à l'eau à un prix équitable ? Comment, dans nos partenariats avec les villes jumelées, peut-on mettre en œuvre des financements de solidarité internationaux, comme à Naplouse, par exemple ?

Dans la foulée a été mis en place un comité d'usagers pour dégager un certain nombre de dysfonctionnements repérés. Par exemple, aujourd'hui, ce qui apparaît peu, c'est que les locataires en habitat collectif, et c'est important pour une ville comme Lille, paient leur eau environ 25 % plus cher parce qu'il n'ont pas de compteurs individuels. Pour résoudre ce problème, l'objectif a été de mettre autour de la table tous les partenaires concernés, que ce soient les associations de locataires, les bailleurs sociaux, la Société des Eaux du Nord, pour qui, au début, cette démarche a été un peu réticente... La campagne est aussi une manière de se réapproprier collectivement l'avenir d'une ressource vitale, car le problème ne se pose pas seulement en termes de qualité ou de prix, mais concerne aussi l'avenir de cette ressource indispensable aux générations futures.

Vous avez effectué un bilan à la fin de l'année 2002, qu'en est-il ?

La première partie du bilan a été faite au cours d'une des trois journées dont je parlais. Le 22 mars, une journée a eu pour thème : « L'eau et le développement durable », et le 7 septembre 2002, au lendemain du Sommet de Johannesburg, nous avons essayé d'articuler le travail à Lille... Comment les Lillois avaient-ils contribué à tenir les engagements de Rio et comment ce qui avait été décidé à Johannesburg participait-il aux objectifs que devaient poursuivre les Lillois ? Notamment réduire de 50 % d'ici à 2015 le nombre d'habitants de la planète qui n'ont pas accès à l'eau. Une évaluation a été faite à partir de sept groupes de travail, animés par les représentants associatifs du comité de suivi de l'Agenda 21, comité de suivi et d'évaluation, composé de 21 membres : sept élus, sept représentants associatifs et sept entreprises. Donc une première évaluation à partir des groupes de travail, qui ont, tous dans leur domaine, tiré le bilan sur l'eau, par exemple la lutte contre l'exclusion, où le rapporteur était membre d'ATD Quart-Monde.

Les résultats, pas seulement externes, ont donc été évalués car la campagne a été aussi l'objet d'un gros investissement interne de la ville. Je crois en effet que le développement durable appelle à changer de culture par tous les partenaires ; bien entendu les élus, mais aussi les services, ont été mobilisés... On sent bien qu'il y a là le moteur de réintérêt, de réinvestissement d'un certain nombre d'agents qui sentent que leur est offerte la possibilité d'utiliser beaucoup plus leur intelligence, leur matière grise, plutôt que simplement appliquer des textes...

Donc, en interne, il y a un travail engagé pour la mise en place d'une cellule des flux afin de mieux connaître nos propres consommations ; mais aussi pour aborder différemment un certain nombre de marchés publics, en pensant coût global investissements-fonctionnement, donc intégrant les coûts d'utilisation des flux. Ainsi a été lancée une expérience de récupération d'eau de pluie dans un bâtiment, qui nous a permis une économie de 60 000 euros et d'économiser la ressource. Nous avons également développé l'usage de l'eau industrielle, qui provient du double réseau, pour les espaces verts, l'entretien des voiries, etc. Donc des choses très concrètes. Un livret de l'éco-citoyen a d'ailleurs également fait l'objet d'une diffusion en direction du personnel. Donc tout un travail interne extrêmement important.

Mais ce qui a été le plus original, et qui intéresse beaucoup de monde, c'est ce qui a été engagé autour d'appels à projets.

Trois appels à projets ont été lancés, un en direction des habitants, un en direction des associations et un en direction des 3 000 entreprises lilloises, en disant : « Vous avez des projets, vous avez des pratiques qui permettent d'économiser, de protéger, de partager, de valoriser l'eau, faites-le savoir. » On s'est appuyé, notamment, en direction des entreprises, sur la chambre des métiers, la CCI, ce qui a permis d'avoir un retour d'expériences très intéressantes qui seront valorisées dans un livret des bonnes pratiques, diffusé en 10 000 exemplaires. Au-delà de l'aspect communication, cette démarche permet de mettre en évidence des pratiques, quelquefois très modestes, qui ont un impact très concret ; et surtout de démontrer qu'il n'y a pas opposition, comme on le pense trop souvent, entre protection de l'environnement, économie des ressources et efficacité, rentabilité d'une entreprise.

Un seul exemple, très symbolique : un artisan peintre a mis en place un petit système pour économiser la peinture ; parallèlement il économise les solvants et économise l'eau. Grâce au soutien de la Chambre des métiers du Nord, ce système sera diffusé auprès de tous les peintres du département. Et, comme nous avons la chance que le président de la Chambre des métiers du nord soit aussi le président national des chambres des métiers, cela permettra de le faire connaître auprès de l'ensemble de la profession.

D'autres projets d'artisans coiffeurs, de restaurateurs, voire de PME. Des citoyens, des associations ont développé des projets tout à fait innovants.

Tout cela permet de démontrer très concrètement que le développement durable n'est pas quelque chose de forcément coûteux ou compliqué : c'est surtout redonner de la place à l'intelligence humaine, ce que j'appelle la matière grise, économiser en développant la ressource la plus renouvelable et la plus abondante, et souvent la plus sous-utilisée, qui est l'intelligence humaine.

Et j'en viens à l'aspect de la démocratie. C'est vrai que Lille a énormément de dispositifs autour de la concertation. Il y a eu récemment la mise en place d'ateliers urbains de proximité, de forums citoyens, il y avait déjà le conseil communal de concertation, il y avait des commissions extra-municipales. Lille va d'ailleurs accueillir au mois de novembre le réseau des villes sur la concertation autour du thème de la démocratie participative, ce qu'on appelle la nouvelle gouvernance. Cette question est centrale car on ne fera pas de développement durable sans élargir la place des citoyens, non seulement dans la mise en œuvre, mais aussi dans la définition d'une stratégie et des projets, dans la compréhension des enjeux... Finalement, la plus grande difficulté pour faire progresser la démarche, ce n'est pas seulement qu'on ait des outils, mais qu'on ait des humains qui portent les projets et les objectifs. Et je crois que, là encore, le développement durable, parce qu'il appelle de nouvelles formes de démocratie, est sans doute une des pistes pour se réapproprier l'avenir, mais aussi se réapproprier le développement local.

Votre discours est-il compréhensible dans les quartiers fortement défavorisés ?

Je ne dirais pas que tout est facile, que le développement durable est un long fleuve tranquille... Le plus important est de démontrer que le développement durable n'est pas une affaire d'initiés, pour ceux qui ont satisfait tous leurs besoins vitaux. C'est le contraire : je crois que la dimension sociale est extrêmement importante ; elle a été sous-estimée depuis Rio, elle est réapparue très fortement à Johannesburg, avec l'aggravation de la pauvreté dans notre monde, et le fossé entre riches et pauvres a été largement mis en évidence.

La problématique n'est pas seulement pour les générations futures, mais de répondre dès à présent aux besoins essentiels comme l'eau et l'énergie qui aujourd'hui ne sont pas accessibles aux populations les plus démunies. C'est vrai au niveau mondial, c'est vrai dans nos villes, où les problèmes sont fréquemment résolus par des aides tel le dispositif solidarité-eau trop souvent mis en bout de chaîne pour corriger les inégalités. À travers l'Agenda 21 lillois, l'objectif est de travailler en amont : comment favoriser des économies, éviter l'endettement pour les publics les plus démunis ?

Par exemple, plusieurs réflexions ont été lancées dans cette campagne, dont une proposition a été incluse dans la délibération cadre de la communauté urbaine : comment passer d'une tarification dégressive, qui favorise le gâchis et qui défavorise les plus démunis, à une tarification progressive ? En partant de l'idée que les 40 premiers litres d'eau pourraient être à un prix tout à fait accessible, cela permettrait à tous d'avoir ce minimum affiché à Rio et, pour les usagers qui utilisent 300 litres, parce qu'ils lavent trois fois la voiture par semaine ou qu'ils la gaspillent, un tarif plus élevé serait appliqué. L'objectif est donc de permettre d'assurer les droits fondamentaux et, en même temps, d'essayer de dissuader le gâchis. De même nous travaillons avec le CCAS (le Conseil communal d'action sociale) sur l'idée suivante : les familles les plus démunies obtiennent des aides pour acquérir les équipements ménagers, par exemple la machine à laver ou le lave-linge. Or les plus démunis achètent souvent la machine à laver « F » très consommatrice d'énergie, très consommatrice d'eau parce qu'elle est moins chère. N'y a-t-il pas opportunité, avec la Caisse d'allocations familiales et le CCAS, d'aider à acquérir la machine à laver « A » qui au bout de deux ans reviendra moins cher que la machine à laver « F » et qui, en même temps, évitera d'avoir des dispositifs d'assistanat ? Toujours en partant de la campagne eau, avec le conseil général du Nord, nous travaillons également sur un projet de Maison du développement durable bénéficiant d'une « réhabilitation haute qualité environnementale » intégrant les préoccupations sur la qualité de l'air intérieur, sur le matériel et les équipements économes, sur les éco-produits les plus performants.

La responsable « développement durable » de votre ville a-t-elle de réels moyens pour fonctionner, pour appliquer cette stratégie ?

Au début de mon mandat, il n'existait pas de cellule Agenda 21. Il existait une chargée de mission attachée au service environnement. Depuis deux ans, cette mission s'est fortement renforcée et a été intégré dans l'organigramme une mission Agenda 21 qui a un rôle transversal. C'est un début.

Il y a plusieurs façons de faire. On peut tout réorganiser ou on peut travailler progressivement, pour sensibiliser l'ensemble des services, l'ensemble des élus. Le développement durable ne sera jamais un produit fini. C'est un processus qui gagne progressivement du terrain. Et les campagnes servent justement de mobilisation, de démonstration. Une conférence de presse a été organisée il y a quelques mois avec cinq adjoints qui tous disaient en quoi la campagne sur l'eau était extrêmement importante pour leur délégation et comment ils s'y impliquaient. Souvent, dans les collectivités, une des difficultés est que chacun considère un peu comme une chasse gardée ses compétences, ses missions, etc., et il y a quelquefois de fortes concurrences entre les élus, les services.

Là, je crois que ce type de campagne, même si ce n'est pas la panacée, permet progressivement de montrer comment on peut au contraire développer de nouvelles pratiques. Sur le sport, par exemple, ça a été évident. Le directeur du service du sport disait au début : « Je n'y connais rien et que vais-je faire là-dedans ?... » Et il a abouti à une implication des associations sportives qui ont signé une charte en disant : « L'eau, pour nous, c'est important, c'est notre santé, ce sont nos loisirs », etc. Et s'est engagée une réflexion autour de la haute qualité environnementale pour les équipements sportifs qui consomment beaucoup d'eau ou d'énergie. L'important est que chacun, progressivement, s'approprie cette nouvelle culture. On n'imposera pas l'idée de développement durable : elle nécessite d'être comprise, voulue, quelque chose où l'on peut apporter son énergie, son intelligence. Il est fort important, au niveau des services, de montrer que ce n'est pas une démarche autoritaire ; de la même façon c'est vrai pour les citoyens. Je ne crois pas au développement durable qui se réglerait uniquement par la fiscalité ou par la réglementation. Bien sûr, il en faut. Mais il faut d'abord qu'il y ait compréhension des enjeux, ce qui suppose ce que j'appelle la péda- gogie des enjeux ; que, progressivement, les citoyens s'approprient ces enjeux, non pas comme une contrainte mais comme une oppor- tunité pour développer de l'innovation et de nouvelles pratiques. C'est ce qu'on a voulu traduire dans les appels à projets.

Parallèlement, cela fait bouger les pratiques et les mentalités. Dans le Nord-Pas-de-Calais on connaît particulièrement les méfaits d'un développement non durable pratiqué pendant des décennies qui ne satisfait pas équitablement les besoins des populations d'au- jourd'hui et laisse un passif pour l'avenir.

Votre prochain programme après l'eau : c'est quoi ?

C'est l'alimentation qui était d'ailleurs le deuxième grand thème à Johannesburg. L'alimentation, encore une fois dans tous ses états, comme l'eau, avec trois objectifs. Un comité de pilotage est en train d'y travailler et on va lancer cette nouvelle campagne probablement début juin 2003 ; elle sera poursuivie en 2004 en liaison avec le thème de « Lille, capitale culturelle ». Un premier objectif : le droit à une alimentation de qualité, suffisante pour chacun. On abordera la lutte contre l'exclusion au niveau local, avec l'implication aussi bien des Restos du cœur, de la Banque alimentaire, etc., mais aussi les problèmes de traçabilité, les semaines du goût... tant au niveau local que mondial. Lille a la chance d'avoir chaque année une grande manifestation des associations de solidarité, qui s'appelle « Alimenterre » : ce sera l'occasion, là encore, d'impliquer toutes les associations en affirmant ce droit à l'alimentation comme un droit fondamental des droits de l'homme. Ça, c'est le premier grand objectif.

Le deuxième, c'est de contribuer au changement de nos modes de production et de consommation dans l'alimentation. C'est un des objectifs affichés à Johannesburg, et qui nécessite de nouveaux modes de consommation et de production. Et là encore, comment les mettre en action ?

Comment faire pour que les citoyens prennent leur place dans cette démarche, la construisent avec nous ? Ce n'est surtout pas imposer, ne pas en faire des grands-messes, mais essayer de traduire très concrètement la place de chacun dans l'évolution nécessaire des modes de production, des modes de consommation.

Les citoyens ont trop souvent le sentiment qu'ils sont impuissants par rapport aux problèmes de notre planète pour faire évoluer les décisions, notamment économiques, etc. Ils ont aussi quelquefois le sentiment que, face à la mondialisation, les élus sont tout aussi impuissants. Alors, comment se doter ensemble d'une nouvelle efficacité, par des actes quotidiens ? Je vous l'ai dit sur l'eau, on peut changer nos pratiques de gestion de cette ressource dans la ville – cette seconde campagne invitera les citoyens à réfléchir sur l'alimentation, dans la production, qui a des impacts dans la distribution, mais aussi sur leur santé, leur équilibre, leur bien-être. Et le dernier des trois thèmes, en 2004, année culturelle pour Lille, sera : comment l'alimentation, l'agriculture, la gastronomie peuvent-elles contribuer aux échanges culturels de la France, dans un monde où il existe de plus en plus un brassage culturel autour de l'alimentation ?...

Accepteriez-vous qu'une évaluation de votre ville soit faite par un organisme externe, comme c'est le cas pour les entreprises ?...

Non seulement j'y suis favorable, mais elle est déjà réalisée, car c'était un des engagements de l'Agenda 21. En effet, je crois qu'il ne peut pas y avoir d'Agenda 21 et de démarche de développement durable sans accepter un regard extérieur. J'ai dit que des associations y contribuaient, mais nous avons également confié cette évaluation à un bureau d'études assez pointu sur le développement durable. Le travail est terminé. C'est une démarche indispensable. Par ailleurs, nous lançons un nouveau chantier : un travail extrêmement important qui, pour moi, est fondamental d'une bonne démarche de développement durable ; il concerne les achats publics avec l'objectif de contribuer à l'évolution de la production et des consommations par une nouvelle demande basée sur la notion de service, visant à faire évoluer l'offre. On sait que les marchés publics représentent environ 15 % du PIB ; ils peuvent donc être un levier pour faire évoluer les entreprises qui répondent aux appels d'offres. Six grands marchés publics de la ville sont d'ores et déjà concernés, dont l'éclairage public. Pour cela, nous nous faisons aider par deux bureaux d'études qui assurent la formation des acheteurs, des chefs de service. Le retour est assez intéressant. Ceux qui ont accepté d'y participer se révèlent complètement passionnés par cette nouvelle approche.

Revenons sur les achats verts des administrations, des collectivités locales. Existe-t-il véritablement une offre ?

Je dirais que nous allons au-delà des achats verts. La notion d'achats verts est un peu restrictive. À Lille, nous essayons de l'élargir dans une vision globale et transversale.

Il existait déjà des préoccupations autour de l'insertion économique.

La ville de Lille s'est engagée dès juin 2001 sur les achats éthiques comme le café Max Havelaar, etc. Sous la double responsabilité des adjointes aux marchés publics et au développement durable, avec les élus qui ont en charge la lutte contre l'exclusion, la solidarité internationale, l'économie solidaire, un travail est mené sur les critères d'achat durables intégrés aux cahiers des charges afin de globaliser cette démarche. Par exemple, concernant le contrat éclairage public... nous souhaitons à la fois faire des économies grâce à une maîtrise de l'énergie, au matériel le plus économe, le plus performant qui permet une durée de vie supérieure des lampes, réduit les déchets et évite du coût de maintenance, etc.

C'est vrai qu'il existe les limites du marché public. Mais ce travail veut aussi participer à une évolution du code des marchés qui dépasse le cadre lillois. Pour cela, Lille travaille dans des réseaux, afin qu'évolue la réglementation tant française qu'européenne et que ces réglementations facilitent les objectifs du développement durable et de mise en œuvre des Agendas 21 locaux.

Là encore, notre volonté est d'être opérationnel. Ainsi, à partir d'une délibération sur les forêts durables, le but est de traduire cela dans les cahiers des charges pour identifier des fournisseurs capables de nous proposer des produits conformes. Ce travail apparaît d'ailleurs assez exemplaire dans les réseaux où nous travaillons, par la recherche de transversalité et de globalité, en dépassant les cloisonnements. Il existe en effet la norme SA 8 000 pour le social, la norme 14 001 pour l'environnement, etc. mais il n'existe pas de critères de développement durable en matière d'achats. Cependant il ne faut pas d'usines à gaz, mais des critères opérationnels qui permettent effectivement aux fournisseurs de répondre à ces nouvelles exigences.

Cela doit nous permettre de démontrer aux citoyens que les économies de la collectivité, ce sont des économies d'impôts locaux, des économies pour leur porte-monnaie, mais que toute cette démarche peut servir aussi à développer des nouveaux produits économes, qui seront demain sur le marché pour les ménages, y compris les plus défavorisés, etc.

C'est donc une démarche qui se veut globale, dans un projet global.

Avez-vous une démarche en matière de véhicules propres ?

Une démarche est engagée. Le directeur du service du garage s'est impliqué dans l'Agenda 21, pour la récupération de l'huile ; une récupération de l'eau de pluie a été mise en place pour l'entretien des véhicules, et même la récupération de chiffons, etc.

La ville travaille également avec d'autres collectivités : avec la communauté urbaine sur un train-tram ; dans la ville, sur des cheminements verts, sur la traduction du PDU (plan de déplacement urbain), adopté par la communauté urbaine, en micro PDU, dans les quartiers... car, pour la mise en œuvre du développement durable, le secteur des transports et des déplacements est sans doute un des points de résistance.

Depuis plusieurs années, Lille a participé à la Journée sans voiture, et il y a eu une bonne participation de la population : individuellement les citoyens sont assez d'accord, mais ils ont plus de mal à quitter leur voiture, même pour faire 300 m. On sent bien, là encore, qu'il faut les sensibiliser par une pédagogie des enjeux, pour comprendre en quoi il est urgent de changer.

Pour aller dans ce sens, Lille va organiser pendant les assises du développement durable nationales, qui se tiennent à Lille au mois de juin 2003, une journée spécifique sur le rôle des collectivités locales en matière de réduction des risques climatiques.

Un autre défi pour les collectivités locales est celui de la réduction à la source des déchets. Si progressivement le tri et le recyclage se mettent en place, nos déchets continuent d'augmenter, avec un coût faramineux pour les collectivités, des investissements considérables pour les usines de tri, etc. Or la loi de 1992 prévoyait la réduction à la source. Lille, en partenariat avec la communauté urbaine, s'est engagée avec de nombreux acteurs, consommateurs, associations, collectivités, grandes surfaces, pour réduire à la source les déchets, soit par la réduction des emballages, soit aussi par le réemploi, la réutilisation, qui permettent en même temps de créer de nouvelles activités de réparation, de maintenance. Il s'agit là encore d'élargir l'aspect environnemental aux dimensions sociales et économiques. C'est un grand chantier : ce dossier a été retenu au niveau européen ; il concerne 300 000 habitants de l'agglomération lilloise et 300 000 en Belgique. Ce sera le plus grand dossier européen de sensibilisation sur la réduction à la source. Cela devrait nous permettre de traduire concrètement la nécessité de nouveaux modes de production qui limitent les déchets.

Les villes françaises ont-elles du retard sur ces concepts ?

Je crois que la France, a un certain retard . Sur les 40 000 collectivités, il y en avait moins de 150 avant Johannesburg, qui s'étaient engagées dans une démarche Agenda 21. Ça ne veut pas dire pour autant que certaines villes n'ont pas fait un certain nombre de choses. Il faut donc relativiser. Johannesburg, avec tout ce qu'on a pu en dire, a sans doute permis un sursaut. Je pense qu'on va progresser car Il est urgent que les collectivités locales jouent un rôle essentiel pour faire comprendre, dans le concret, ce qu'est le développement durable, et en quoi les citoyens sont concernés en tant qu'utilisateurs de services mais aussi comme acteurs pour définir l'avenir.

Parallèlement il faut sans doute une nouvelle gouvernance mondiale qui se limite par l'OMC par la seule régulation économique. C'est évident. Mais, si les collectivités locales ne s'y engagent pas, très concrètement, si les collectivités ne changent pas leurs pratiques avec l'ensemble de leurs partenaires, on ne pourra pas faire de développement durable. Le changement des pratiques concrètes de nos modes de vie, des modes de consommation, de mode de production et de distribution d'aménagement, passent par une prise de conscience au niveau de territoires.

On a vu à Johannesburg que l'essentiel des services passait par les collectivités locales... assurer le droit à tous à l'eau, à l'énergie, à la santé, à l'éducation... c'est pourquoi il est indispensable que les collectivités locales s'y engagent et prennent conscience du rôle déterminant qu'elles peuvent jouer en la matière. En même temps ça me permet de revenir à ce que je disais au début de mon propos, ça redonne du sens à l'action municipale, à la politique. C'est là une façon de recrédibiliser « le politique » auprès de nos citoyens.

Les territoires locaux, les villes, les communes, seront-ils pour vous les acteurs majeurs du développement durable ?

Je crois qu'ils ont un rôle essentiel. Bien sûr il faut au niveau mondial, de nouvelles formes de gouvernance. Bien sûr l'Europe a son rôle à jouer. Et, je crois que l'Europe tire plutôt vers le haut en matière de développement durable. Mais en tout cas, les collectivités locales peuvent redonner du poids à la démocratie, grâce au développement durable. La question centrale est redonner du poids à la démocratie, redonner du sens à la vie politique. Les collectivités locales, en s'emparant des questions du développement durable, sont dans une démarche qui est porteuse d'espoir et d'avenir.

JACQUES AUXIETTE

Maire de La Roche-sur-Yon

DES PRINCIPES ET DES VALEURS UNIVERSELLES

Quelle est votre définition du développement durable ?

Je n'ai jamais beaucoup employé le mot développement durable, parce que je le trouve un peu abscons et un peu « fourre-tout » en la matière. On n'a pas fait à proprement parler, au niveau local, une démarche de développement durable formalisée ou explicite, mais on a fait du développement durable sans le savoir pendant longtemps. Et je crois que cette formulation mérite en effet d'être explicitée. J'explique plutôt ça comme étant une forme de nouvel humanisme, un socle de principes et de valeurs universels, qui concerne tous les niveaux, mais aussi tous les individus et tous les citoyens. Et bien entendu les entreprises et tous les acteurs économiques.

Actuellement tout le monde se réfère à cette notion, et je crois qu'il y a quelques différences d'approche en la matière ; mais si déjà on est d'accord sur les principes, comme on a pu l'être sur d'autres grands principes qui ont fondé l'organisation de l'humanité et les États – je pense à toutes les valeurs qui ont précédé le siècle des Lumières –, je crois qu'on est dans une démarche de cette nature.

Bien évidemment, au plan local, il ne s'agit pas de se référer sans arrêt à ces grands principes, il faut essayer de leur donner du sens et du contenu.

Le développement durable peut-il contribuer, justement, à redonner un sens à la politique ?

Ça me semble être un des seuls thèmes, une des seules organisations de la pensée qui, aujourd'hui, peut redonner du sens à l'action

55

politique à différents niveaux, local notamment – mais quand je dis niveau local, c'est au niveau aussi du territoire, et pas seulement au niveau du territoire administratif que constitue la commune. Je considère donc effectivement que, à un moment où les citoyens ont l'impression que l'action publique n'a plus de prise sur la réalité, c'est un des moyens, peut-être même le seul, qui puisse permettre à l'individu de se dire qu'il peut avoir, à l'échelle individuelle, en tant que consommateur et citoyen, prise sur des événements. Je pense que cette notion est, me semble-t-il, le socle autour duquel, encore une fois, il est possible de redonner du sens à l'action politique qui ne peut se mettre en place que s'il y a un certain nombre de valeurs et de principes qui précèdent l'action. Sinon, c'est de l'activisme politique, ce n'est pas de l'action politique.

Donc, je crois qu'à l'heure actuelle, le développement durable est suffisamment « globalisant » pour, je dirais, rassembler l'essentiel. Il en est de même pour la Déclaration universelle des droits de l'homme qui constitue un socle fondamental, sachant que ces droits ne sont pas appliqués de la même façon dans tous les pays.

Le développement durable est-il la représentation moderne des valeurs et des principes républicains « Liberté, Égalité, Fraternité » ?

Oui. On peut dire que cette dimension-là est présente. Mais je crois que c'est plus général que ça, que ce ne sont pas seulement les principes républicains tels qu'on les a déclinés il y a deux siècles. Je pense que c'est aussi, grâce aux scientifiques, à cause des évolutions technologiques, la prise en compte d'une réalité planétaire. Il faut considérer, me semble-t-il, que c'est une nouvelle étape de la construction de principes et de valeurs universels, comme ont pu l'être il y a deux siècles les principes républicains français, mais qui s'appuyaient aussi sur les principes évoqués par le siècle des Lumières et qui ont fait après leur chemin sur l'ensemble de la planète.

Qu'attendez-vous des organismes financiers ou des banques qui vous accompagnent dans vos stratégies de développement ?

Il y a déjà une aide au financement des études, et je crois que les financiers doivent être en première ligne sur cette question-là,

comme les inspecteurs des finances, comme la Cour des comptes...
mais nous devrions réfléchir à la notion d'internationalisation des
coûts. C'est une notion encore un peu barbare, mais je vais l'illustrer par un exemple simple. Si aujourd'hui on intégrait dans le coût
de production d'un kilo de porc le coût, qui est externalisé, de la
dépollution, des conséquences environnementales de cette production, on aurait une réalité qui serait toute différente de celle qu'on
connaît. Et je crois que cette dimension économique du développement durable est un élément *essentiel*. Il faut absolument que les
financiers, les grands experts économiques mondiaux puissent intégrer dans la comptabilité des entreprises, et dans la comptabilité
publique également, des éléments comptables, des éléments financiers qui traduisent très concrètement cette notion de développement durable. Tant que l'on n'aura pas cela, il sera extrêmement
difficile de pouvoir juger avec les mêmes outils, les mêmes concepts
que ceux que l'on connaît actuellement dans l'analyse des comptes
d'exploitation et dans l'analyse des bilans.

Je souhaite, et c'est un travail que l'on va essayer de faire au
niveau de l'Institut des villes, au niveau des associations, des organisations internationales, qui traitent à la fois du développement
durable mais aussi des enjeux économiques en général, qu'elles
puissent disposer d'outils comptables qui s'inscrivent dans la logique
capitaliste mais avec une codification de ces éléments très concrète.
C'est le débat sur le logement HQE (haute qualité environnementale) par exemple... Ça coûte plus cher en investissements si on
n'intègre pas dans la comptabilité le fonctionnement payé après,
mais c'est assez délicat puisque le payeur qui assume l'investissement n'est souvent pas le même que celui qui, après, prend en
charge le fonctionnement ; on est là sur des contradictions secondaires, qu'on doit être capable de dépasser, en ayant des outils de
comptabilité qui, justement, intègrent cette notion-là.

Je crois qu'il y a un très, très gros travail, comptable, conceptuel,
financier. Quand la collectivité publique fait un investissement, ça
n'accroît pas du tout son actif. Dans la majorité des cas, cela passe
pour une dépense, et souvent ces dépenses publiques sont considérées comme des charges, mais il faut voir comment elles s'inscrivent
dans une comptabilité plus générale. Notamment, dans le domaine

du développement durable, il faut qu'on dispose d'outils qui permettent, encore une fois, aux décideurs et aux actionnaires de prendre les bonnes décisions en ayant codifié tous ces paramètres.

JEAN-MARC AYRAULT

Maire de Nantes

EXEMPLARITÉ, TRANSVERSALITÉ, INNOVATION

Vous êtes-vous dotés d'un Agenda 21 ?

La ville de Nantes a été parmi les premières villes françaises à se doter d'un Agenda 21. Nous relançons aujourd'hui un nouvel Agenda 21 autour de quatre grands thèmes, soulignant notre responsabilité politique par rapport aux générations futures :

– respecter les grands équilibres écologiques mondiaux ;
– construire la ville de demain ;
– renforcer la solidarité internationale ;
– préserver la diversité culturelle.

L'Agenda 21 est d'abord le moyen de réaffirmer les objectifs de nos politiques publiques en termes de développement durable. Confrontés à des questions graves comme l'effet de serre, nous ne sommes plus à une époque de discours ou d'actes symboliques. Nous devons nous fixer des objectifs quantifiés. C'est particulièrement vrai pour la qualité de l'eau ou les consommations énergétiques, mais aussi pour nos exigences de mixité sociale.

L'intérêt d'un Agenda 21, outre les priorités qu'il affirme, est d'être un outil de mobilisation précieux, à la fois en interne dans les services et dans le dialogue qu'il instaure avec l'ensemble des acteurs de la ville. Nous travaillons actuellement à l'architecture de cette participation permanente de la cité, à notre politique de développement durable, c'est un enjeu majeur.

Nous sommes convaincus de l'importance des gestes quotidiens de chaque citoyen pour répondre aux exigences du développement durable. Cette sensibilisation se décline sur plusieurs champs et nécessite de mobiliser des moyens de communication réels et d'être très pédagogue. C'est un point très important avec, parmi les priorités, le développement d'opérations en direction du monde scolaire très réceptif et acteur clé des mobilisations futures.

Ce nouvel Agenda 21 devrait entrer en action à la fin de 2003, mais il n'est qu'une première étape. Je suis convaincu que l'échelle pertinente des grandes politiques de développement durable est l'agglomération. La communauté urbaine de Nantes est encore très jeune, mais je souhaite qu'elle se dote d'un Agenda 21 de référence, en cohérence avec les Agendas 21 communaux. La réflexion est engagée, il nous faut un peu de temps pour imaginer son fonctionnement avec les services et le conseil de développement, pour élaborer les nécessaires outils de diagnostic et d'évaluation.

En première ligne pour les questions de transport, d'eau, de déchets..., les collectivités locales ont commencé à se faire entendre à Johannesburg, elles devront dans l'avenir être plus associées et écoutées dans les instances internationales. Je me félicite qu'elles s'organisent en ce sens, avec la fusion des principales organisations mondiales d' «autorités locales». La ville de Nantes y est attentive et se montre très présente dans ces structures.

Quelles sont vos initiatives concrètes en matière d'environnement?

Avec la création de la communauté urbaine en 2001, notre territoire s'est doté d'une structure qui a la capacité d'agir et d'interagir sur les problèmes environnementaux, tant locaux que globaux. En écho au principe de responsabilité imputé aux collectivités locales lors du Sommet de Rio en 1992, j'ai voulu que la communauté urbaine s'engage dans un processus de développement durable. En participant au Sommet mondial du développement durable de Johannesburg en 2002, nous avons affirmé notre volonté d'opérer au niveau local pour résoudre des problèmes écologiques majeurs comme celui de l'effet de serre ou la préservation de la ressource en eau.

En matière d'environnement, nous nous donnons comme mots d'ordre l'exemplarité, la transversalité et l'innovation. L'exemplarité parce que la communauté urbaine de Nantes, face aux collectivités du Sud, se doit d'être irréprochable. La transversalité parce qu'il est nécessaire de dépasser, aujourd'hui, le cadre trop restrictif de l'environnement et de mailler, dans la logique du développement durable, les trois piliers qui le composent : environnemental, social et économique. L'innovation parce que le concept de développement durable, malgré des décennies d'existence, est encore dans les esprits un concept jeune et mal connu. Voilà pourquoi la communauté urbaine s'est attachée à mettre en œuvre un ensemble d'études et de programmes d'action en matière d'environnement, en lien avec les champs de l'économie et du social.

En premier lieu, ce sont les transports collectifs qui font l'objet depuis plus de vingt ans d'une politique volontariste : le premier tramway moderne, mis en service en 1985, assure aujourd'hui près de 200 000 voyages chaque jour et représentera demain 3 lignes et 40 kilomètres de réseau. Pour mettre en œuvre de façon rationnelle la politique des transports, les élus ont approuvé dès 1991 un premier plan de déplacements favorisant les transports collectifs, le vélo et la marche à pied et maîtrisant le développement de la voiture particulière. Dans cette continuité, le plan de déplacements urbains approuvé à l'unanimité des élus en 2000 fixe comme objectif de parvenir, à l'horizon 2010, à un équilibre entre la voiture particulière et les autres modes (transport collectif, vélo, marche à pied), ce qui implique de réduire la part de la voiture. Pour y parvenir, nous avons prévu des actions sur plusieurs points :

– L'offre alternative à la voiture : le développement des transports collectifs (tramway, tram-bus et autobus) sera prioritaire, en termes d'étendue de réseau et d'augmentation des fréquences. Pour conforter les pôles urbains secondaires et maîtriser l'urbanisation, les infrastructures ferroviaires commencent à être mises en valeur, par l'exploitation de liaisons cadencées vers le centre de l'agglomération. Les continuités piétonne et cyclable étendues feront l'objet d'un schéma des circulations douces (piétons, vélos, voies d'eau...). Enfin le renouvellement des parcs de véhicules des collectivités représente l'opportunité de nous doter de véhicules propres (véhicules de service, bus, bennes à ordures...). D'ores et déjà la communauté urbaine a engagé l'acquisition de 155 bus au GNV.

– Les usages de la voirie : nous préparons une charte qui hiérarchisera les modalités de partage entre les modes de transport, afin de prendre en compte tous les usagers. Le périphérique de l'agglomération nantaise sera étudié dans son environnement urbain (bruit, paysage, éclairage).

– Les nouveaux franchissements de la Loire et des rivières : ils sont d'une importance majeure dans notre agglomération qui compte 250 kilomètres de cours d'eau, sur lesquels nous voulons mettre en place de nouvelles navettes fluviales pour les piétons et les cyclistes.

– Le transport de marchandises en ville : des actions auprès des communes et des professionnels seront menées avec l'objectif de les sensibiliser sur les enjeux du transport de marchandises en ville. Des solutions de livraison par une flotte de véhicules propres seront étudiées.

– L'harmonisation des modes de transport : une réflexion est menée avec les entreprises et services publics pour définir des « plans de mobilité » pour tous les déplacements de leurs agents liés au travail (bus, tram, TER, cars départementaux, covoiturage, stationnement, vélo urbain...). Nous encouragerons les expérimentations en matière de covoiturage.

La question des risques et pollutions est également traitée depuis longtemps à l'échelle de l'agglomération. Notre développement économique et l'accroissement de la population nous imposent de maîtriser dans sa globalité la problématique des risques. De mon point de vue, le principe de précaution est un cadre de réflexion pertinent et utile, mais insuffisant ; c'est pourquoi la communauté urbaine est engagée dans une politique volontariste. Celle-ci met en œuvre une cellule opérationnelle de prévention des risques (COPR) qui conseille et assure un contrôle préventif de l'ensemble des zones industrielles. Cette cellule, qui résulte d'un partenariat avec l'État, intervient sur les pollutions déclarées ayant un impact sur l'eau, l'air ou le sol. Par une réflexion sur la gestion des astreintes et l'élaboration d'un plan de secours communautaire, nous tentons d'améliorer la gestion de crise et d'assurer la mobilisation et la coordination des moyens et des compétences adéquates en cas d'accident majeur. Par ailleurs, la mise en place d'un schéma directeur des eaux pluviales doit permettre de réduire les risques liés aux inondations et glissements de terrain.

Nous recherchons également une gestion durable de l'eau, qui est un élément constitutif de notre agglomération, située en fond d'estuaire et possèdant un réseau et un patrimoine hydrographiques exceptionnels. Avec les programmes Neptune 1 et 2 en place depuis 1994, nous visons à améliorer la qualité des cours d'eau et des milieux associés. Pour cela, nous avons adapté les infrastructures de transfert et de traitement des eaux usées à la croissance urbaine, et engagé la restauration hydro-écologique des cours d'eau. Ce sont 69 millions d'euros qui ont été investis au cours de ces cinq dernières années pour la réalisation de ce programme majeur de développement durable.

L'agglomération nantaise compte également un nombre important d'espaces naturels : prairies humides, espaces boisés, marais, etc., qu'elle a su préserver en dépit de son développement urbain fort. La communauté urbaine et les communes se sont engagées avec détermination dans la préservation d'espaces et d'espèces remarquables.

Enfin, nous avons une action que nous voulons tout à fait exemplaire vis-à-vis d'une agriculture innovante dans l'agglomération, dont elle reste une composante majeure et un acteur économique important. Dans le cadre de la communauté urbaine, j'ai voulu que nous assurions la pérennité de ces espaces en apportant un soutien à l'agriculture périurbaine. Cela s'est concrétisé par un protocole de partenariat avec la chambre d'agriculture de Loire-Atlantique. Des aides directes sont versées aux agriculteurs inscrits dans ce dispositif et qui s'engagent dans différentes actions : déplacement et construction de sièges d'exploitation, remise en état de terres en friche, aménagement paysager. L'autre versant de ce partenariat, c'est la définition de territoires agricoles durables : avec la chambre d'agriculture et les communes, nous avons commencé un travail sur l'état de l'agriculture et des sols dans l'ensemble de l'agglomération, qui doit permettre de garantir aux agriculteurs la pérennité de leur activité.

La communauté urbaine est aussi lauréate du premier appel à projet Aténée lancé par l'Agence de l'environnement et de la maîtrise de l'énergie en matière de politique énergétique. Par l'intermédiaire de ce programme, nous souhaitons construire une politique énergétique locale en adéquation avec les enjeux environnementaux globaux. En appliquant un principe simple : « l'énergie qui pollue le moins est celle qu'on ne consomme pas », il nous faut mieux maîtriser les consommations énergétiques sur le territoire communautaire. Dans les services et pour tout le patrimoine communautaire, un diagnostic de la consommation d'énergie est mené et nous accompagnons dans cette démarche les communes qui le souhaitent. Nous conduisons aussi une campagne de mesure des gaz à effet de serre à l'échelle de l'agglomération, afin d'envisager les mesures correctives. Et vis-à-vis du grand public, il faut exposer les enjeux de la maîtrise de l'énergie. Dans un second temps, nous voulons développer les énergies nouvelles en valorisant les potentiels naturels et technologiques locaux.

Le développement social urbain est-il pour vous au cœur de votre politique de développement durable ?

Nantes et son agglomération regroupent 555 000 habitants, c'est le premier pôle urbain de l'ouest de la France. Nous avons une population très diverse, qui se renouvelle (+ 10 % en dix ans) et nous devons être dignes de notre tradition d'accueil. Avec la communauté urbaine, je veux poursuivre et amplifier l'action volontaire déjà engagée en matière d'habitat et de solidarité, auprès des familles ou des personnes les plus marginalisées.

En matière d'habitat, nous cherchons à favoriser la mixité sociale, à assurer le renouvellement urbain et à accompagner le développement démographique et économique de l'agglomération en offrant à toutes les catégories de population des possibilités de parcours résidentiels. C'est le sens du programme local de l'habitat (PLH) que nous préparons et dans lequel nous souhaitons encourager des modes d'urbanisation plus économes en espace et des formes de développement urbain moins consommateurs d'équipements et d'infrastructures. Je crois en particulier qu'avec des opérations novatrices alliant qualité de vie et densification nous pouvons offrir une alternative à la maison individuelle.

Mais au-delà de la politique de l'habitat, nous portons des actions de solidarité auprès de populations nécessitant un accompagnement spécifique. Ainsi, pour les gens du voyage, la communauté urbaine travaille à proposer des terrains d'accueil adaptés afin que les familles disposent de meilleures conditions sanitaires et améliorent leur qualité de vie. Des projets de sédentarisation des familles sont en cours. Pour les personnes handicapées – enfant, adulte ou personne âgée – la communauté urbaine soutient les associations-relais et facilite la création d'établissements spécialisés dans la scolarisation ou dans l'intégration au monde du travail. Nous veillons également à une meilleure accessibilité de la ville dans les transports et les équipements publics.

Cette politique s'accompagne-t-elle de mesures pour le développement économique et de l'emploi, ainsi que pour l'aménagement de l'espace ?

De mon point de vue, ces différents éléments forment un tout cohérent : si Nantes connaît depuis plus de dix ans une croissance économique et démographique forte, c'est qu'elle a su préserver un environnement de qualité, grâce en particulier à notre politique déterminée en matière d'urbanisme et de déplacements. Aujourd'hui que nous sommes en capacité, avec l'outil communauté urbaine, de mener des projets urbains considérables, je suis très attentif à ce que nous amplifions cette démarche d'urbanisme durable.

Autour des rives de la Loire, nous avons développé depuis les années 1990 une réflexion vaste et transversale sur le lien entre la ville et le fleuve. En effet, notre agglomération possède un patrimoine fluvial singulier marqué par un siècle d'intense activité industrielle ; or, après plusieurs décennies de déclin pendant lesquelles le fleuve a perdu son rôle d'axe historique, ces espaces devaient être réaménagés pour nous permettre de « reconquérir » ce fleuve. Nous avons donc une démarche rives de Loire qui s'appuie sur la volonté des communes de développer les territoires riverains du fleuve : elle vise à mettre en cohérence les projets d'aménagement existants, dans une perspective de redynamisation du territoire. Des opérations très diverses ont été engagées : la préservation et la valorisation d'espaces naturels, le retraitement de quais et berges, le renouvellement urbain sur les territoires résidentiels ou d'activités, la mise en valeur du paysage estuarien, la création de continuités piétonnes et deux-roues, la restauration et la mise en valeur du patrimoine industriel et historique, des aménagements lies aux activités nautiques, etc.

Pour finir, je veux dire que notre communauté urbaine s'inscrit également dans le champ de l'économie sociale et solidaire. C'est un secteur dans lequel se retrouvent les valeurs de partage et de développement durable, et qui a une double fonction : produire, d'une part, des biens et des services et, d'autre part, du lien social et de la solidarité. Nous avons récemment organisé une « semaine de l'économie sociale et solidaire » qui a mis en valeur, par des débats, des expositions ou des opérations portes ouvertes, les principales initiatives portées par les associations, les coopératives, les mutuelles, les fondations, les organismes d'insertion et les structures de commerce équitable dans l'agglomération. Pour aller au-delà, nous songeons également à d'autres actions : mettre en place une coordination des structures d'appui aux porteurs de projets solidaires ; participer à la création d'une coopérative d'activités et d'emploi, soutenir les structures associatives *via* la formation des encadrants, ou bien créer un outil financier permettant la collecte de l'épargne locale et le financement de projets solidaires en relation avec le Crédit municipal de Nantes et différentes banques intéressées.

RENAUD BELLIÈRE

Maire de Villers-Cotterêts

Villers-Cotterêts est la première ville à être normalisée ISO 14001. Pourquoi cette démarche ?

C'est grâce au directeur des services techniques, Nicolas Inglebert, qui a une âme écologique fortement marquée et qui avait envie de faire quelque chose pour l'environnement.

Il a proposé aux élus de travailler sur une normalisation, parce que ça rassure les élus, je crois : la normalisation, c'est quelque chose qui est bien encadré, et les élus se sont dit « banco ». D'autant plus qu'à Villers-Cotterêts on a la chance d'être dans un environnement complètement préservé avec une grande forêt de 13 500 hectares et sans dégâts écologiques. On est vraiment parti par le plus petit dénominateur commun de l'environnement, si je puis dire.

On s'est dit : une norme, chacun connaît la phrase, c'est « écrire ce qu'on fait et faire ce qu'on a écrit ». C'était un petit peu plus compliqué, parce qu'il fallait écrire, mais il fallait savoir ce qu'on allait écrire. Alors on s'est dit : on va commencer par les services de la mairie, parce que ça, on peut agir dessus. Et que peut-on faire de mieux dans une mairie, si ce n'est d'essayer de servir mieux, avec moins d'argent, en respectant l'environnement ?

J'insiste là-dessus, parce que, j'ai honte à le dire, c'est tellement simple que ça peut en paraître idiot, on s'est dit, alors qu'il n'y avait pas encore de tri sélectif à Villers-Cotterêts, on va trier les poubelles dans la mairie. Cela va nous permettre déjà de nous habituer à faire du tri dans nos déchets, de générer des économies puisqu'on pourra mettre les déchets aux bons endroits. Et c'est parti aussi bêtement que ça. Et je le dis : j'ai presque honte, parce que c'est parti de la base la plus absolue.

Et c'est vrai que, par rapport au concept de développement durable, dont on parle beaucoup, on n'a vraiment pas eu de réflexion extrêmement fouillée ni extrêmement philosophique du développement durable.

Votre prochaine démarche ?

Là aussi, c'est quelque chose de tout simple et ça commence à se développer, mais ce n'est finalement pas si facile que ça à mettre en pratique, c'est l'éclairage public. Il existe des lampes à économie d'énergie, donc on va mettre des lampes à économie d'énergie dans la ville. J'ai oublié de dire que, lorsqu'on est normalisé, il faut aussi mesurer. Donc là, on pouvait mesurer. Le tri des poubelles, on ne pouvait pas mesurer l'économie puisque, de toute façon, il n'y avait pas encore de tri sélectif. L'éclairage public, on a pu mesurer. On a fait une économie qui a été à peu près de 25 % pour la ville, ce qui est quand même énorme.

Il y a eu un renouvellement du parc de voitures. On s'est dit que forcément il fallait qu'on ait des voitures qui soient peu polluantes. On avait deux axes. Le premier, c'était d'avoir des véhicules électriques pour celles qui restent en centre ville et le deuxième, de prendre des voitures GPL pour celles qui doivent sortir de la ville, avec une vraie autonomie. Et on a aujourd'hui 11 voitures électriques sur un parc de 24 voitures, les 13 autres devaient être en GPL. On a fait l'appel d'offres l'an dernier, le temps passe vite, il y a un an et demi plus exactement ; la norme GPL venait de changer, pour des questions de soupape, et aucun constructeur n'offrait de voitures de ce genre-là... Donc on a la moitié de notre parc en essence et en diesel, et l'autre moitié en électrique.

Il y a un acte qui nous a paru aussi évident, c'était les produits phytosanitaires. On entretient des espaces verts. C'est une ville de campagne, Villers-Cotterêts : 10 000 habitants, Sud Picardie, sud de l'Aisne, beaucoup de jardins, beaucoup d'espaces verts. Donc notre idée a été d'utiliser des produits phytosanitaires moins polluants car non toxiques, et surtout avec des doses minimales. Un minimum de produits pour des raisons compréhensibles : moins polluer le sous-sol et économiser. Toujours des choses simples mais gérables.

Or ça, nous y sommes arrivés relativement vite parce que les gens des espaces verts y ont souscrit très, très vite. Et là, nous sommes presque à la limite du système parce qu'on voudrait bien aujourd'hui que ça fasse boule de neige, qu'il y ait l'exemplarité du sens public, mais ça ne marche pas. Nos voisins agriculteurs, nos petits jardiniers du dimanche – ce n'est pas péjoratif – n'adhèrent pas trop. Pourtant on communique dessus, mais certainement pas assez ou mal.

La peinture routière. Là aussi, ce sont toujours des petites choses : on est passé en partie des produits qui ont des solvants, qui utilisent des solvants, aux produits sans solvants...

On a essayé, avec une entreprise allemande, des produits et des bitumes à froid. En fait, il ne semblerait pas qu'il y ait une réelle amélioration. Il y a une économie, mais ce serait mentir de dire que c'est de l'écologie et du développement durable parce que, en fait, l'appel aux produits bitumeux est complètement équivalent ; on s'est dit qu'on allait réduire les odeurs. Il n'y a à peu près que là-dessus qu'on a pu gagner un petit quelque chose.

Tout cela nous a donné une petite expérience, très modeste, mais qui nous a permis d'introduire dans tous les appels d'offres de la mairie des notions, je ne peux pas dire de développement durable, mais d'écologie, de respect de l'environnement.

On a procédé à une démolition d'immeuble, et c'est vrai qu'il y a forcément du tri sélectif pendant la période de déconstruction : on a bien isolé les produits les uns après les autres en faisant des déconstructions qui sont beaucoup moins gênantes pour l'enlèvement des déchets après.

Enfin, une de nos dernières réalisations majeures, c'est la station d'épuration qu'on a voulu plus performante qu'une station d'épuration normale. Je suis incapable de donner le chiffre, je ne me souviens plus, mais *grosso modo* elle est plus performante de 15 % en qualité que les normes et textes actuels et de 100 % en quantité pour les eaux pluviales. Et on est en train de la faire certifier 14 001. On a eu les premiers audits. Donc là aussi, tout ce qui dépend de la mairie et qui concerne maintenant la protection de l'environnement doit être normalisé. Pour être sûr d'être suivi dans le temps. Parce que ce n'est pas le tout de vouloir bien faire, mais un avantage de la norme, c'est qu'on a ce suivi obligatoire ; on ne peut donc pas s'endormir sur ses lauriers, car il faut valider régulièrement. Il vient d'y avoir un audit et on s'est aperçu qu'on communiquait assez mal. C'est-à-dire qu'il y avait des petits dysfonctionnements. On s'était déjà habitué, j'en reviens aux poubelles : il y a des dysfonctionnements qui étaient apparus ; on oublie vite les bonnes intentions et on n'a pas su re-communiquer, rappeler à l'ordre. C'est ça, l'important de la norme : ce n'est pas de faire, c'est surtout de suivre ce qu'on fait.

Avez-vous pris un cabinet externe ?

Oui, un accompagnateur, pour être certain de bien faire les choses. On est en revanche obligé d'avoir un certificateur. Or l'accompagnateur, quand je dis qu'il ne fait rien ce serait désobligeant vis-à-vis de lui, mais il nous oblige à réfléchir, il nous oblige à écrire. Et cet ISO 14 001, je continue à dire que ce n'est pas la norme qui est importante, c'est surtout parce qu'à un moment il a fallu que tous les services assistent, avec le cabinet d'études, à ces préliminaires à ces certifications. Et c'est intéressant, parce que chacun a pu s'exprimer et il y a eu un débat. L'organisme certificateur est là pour initier le débat. Donc il faut quand même qu'il y ait, même pour une chose aussi simple que les poubelles, une véritable concertation, et ce n'est pas évident, aujourd'hui, par un acte individuel, de servir la collectivité.

Qui a mis en place les indicateurs ?

On a choisi nos propres indicateurs action par action et nos critères de référence. Il ne faut pas que ce soit du vent. L'organisme certificateur est là pour nous aider et il nous ramène quand même à la réalité des choses. Il ne faut pas qu'on soit paresseux vis-à-vis de nous-mêmes, c'est-à-dire trouver des critères qui soient trop faciles à atteindre ; il ne faut pas non plus qu'on veuille trop en faire, qu'on soit prétentieux dans nos objectifs, parce qu'à un moment on ne saura plus faire. Donc, il y a un juste équilibre à trouver, et ça, l'organisme certificateur nous aide car il a un savoir-faire. Mais sur la démarche propre, savoir ce qu'on choisit et comment on va l'évaluer, non : il nous laisse libres. Simplement, il nous guide pour que ce soit réaliste.

Et c'est pour ça qu'on a pu faire, peut-être, des petites choses mais qui fonctionnent bien.

Vous parlez d'information et de communication : comment les administrés jugent-ils cet état de fait et sont-ils réellement motivés ?

Ça a été notre point faible. On a remarqué qu'il y avait une mauvaise communication. On a eu le nez dans le guidon et on a certainement eu un tort, une certaine autosatisfaction, on s'est dit ça marche bien et on n'a pas su le faire savoir. Et là-dessus, je crois qu'il ne faut pas avoir de pudeur. Je crois, au contraire, qu'une dimension importante est de le faire savoir. Des petites choses, des choses très simples, peuvent avoir un intérêt écologique, et c'est directement mesurable.

Et ça, on n'a pas su le faire. Il y a peu de temps, la responsable des affaires scolaires nous a dit : « Bon, voilà, on a été validés dans notre certification, on va pouvoir en parler avec les scolaires... » Cela voulait dire, en fait, que depuis deux ans et demi on n'avait jamais pensé à en parler aux scolaires. On en avait parlé d'une façon presque informelle dans le bulletin municipal, il y a toujours une page sur la certification et ça n'intéresse personne, mais sur les actions qui sont faites par la mairie, on n'avait jamais pensé à se rapprocher des enfants, alors que c'est certainement le public le plus acquis. Les enfants sont très, très sensibles, je crois que c'est un fait reconnu par tout le monde, à leur environnement, et sont tout à fait prêts à être des relais actifs vis-à-vis des parents. Parce que ce sont les parents, aujourd'hui, qu'il faut convaincre !

Considérez-vous, après deux-trois ans, que votre expérience n'est possible que parce que vous êtes une petite ville rurale ? Est-ce transposable dans une grande ville ?

Oui, c'était facile parce que c'était une petite ville. Première raison : petite ville, petite équipe. J'ai oublié de dire que c'était très resserré. Il fallait une petite équipe et une tête qui y croie à un moment. Parce qu'elle a plus de motivations et il y a moins de dérives et certainement moins de perturbations : tout le monde va dans le même sens s'il y a deux ou trois personnes qui poussent à la roue. C'est plus facile de réunir deux-trois personnes que d'en réunir cinquante. Ça, déjà, c'est le gros avantage d'une petite ville. Ce sont un directeur des services techniques, un maire, une première adjointe chargée de l'urbanisme... La tête aujourd'hui c'est ça. Et après, et c'est encore sans prétention, c'est pyramidal. On pousse, et ça avance bien. À condition que ce qu'on pousse soit admis et admissible par tous.

Une grande ville, c'est plus difficile et certainement moins contrôlable. Mais ça ne veut pas dire que ce ne soit pas reproductible. C'est simplement plus difficilement reproductible. Et ça a pu marcher car nos petites actions de rien du tout ont pu en deux ans devenir totalement opérationnelles à cent pour cent, sauf l'acoustique qui marche moins bien.

Vous êtes actuellement en cours de réflexion. Mais allez-vous finaliser votre Agenda 21 ?

Maintenant, la décision est dans les tuyaux et on va faire un Agenda 21, forcément, parce que ça paraît être la démarche normale. On se rend compte aujourd'hui que ce qu'on fait est trop petit, mais qu'on a déjà un outil performant. C'est trop isolé et il n'y a pas de prospective. Il nous manque tout. Vous parliez de ces grands sommets, or l'intérêt de ces grands sommets est de faire de la prospective. Il est vrai que cela peut rester parfois très vague et surtout ça peut paraître très complexe. Mais cette dimension prospective, on ne l'avait pas. Elle était trop petite. On s'est dit : on trie nos poubelles, on fait l'éclairage économe, on fait notre petit carré de gazon propre, ce n'est pas suffisant. Alors il est vrai qu'on va commencer à travailler à un autre niveau, à un niveau territorial, à un niveau beaucoup plus important, parce que l'écologie ça ne s'arrête pas aux frontières de sa petite commune. Et là, nous sommes actuellement enfermés dans notre petit territoire. Et c'est surprenant finalement d'avoir mis deux ans à le comprendre. Quand on le voit comme ça, ça devait paraître évident. Mais je crois aussi qu'il y avait, pour une petite ville, une peur. Il fallait en passer par une bonne pratique de l'environnement et certainement par une certaine reconnaissance. Et c'est à partir du moment où on a eu un regard de l'extérieur qu'on en a pris conscience. On a vraiment travaillé comme des paysans...

L'Aisne est un département rural : il n'y a pas de grande ville. Pour situer, c'est la sixième ville de l'Aisne : 10 000 habitants. Après, on a des villes de 15 000, 30 000 habitants. Puis Saint-Quentin, qui doit être plus grande, environ 60 000. On est un milieu très rural.

Avez-vous des liens avec certaines entreprises comme le groupe Volkswagen qui est installé chez vous ?

Volkswagen est très intéressé à l'environnement. On n'a pas de lien, si vous voulez, entre la ville et Volkswagen, pour des actions de développement, sauf pour des questions de sécurité, d'économie de déplacements, et une convention pour leurs rejets, et ça on y travaille. Mais là aussi ça nous dépasse un petit peu : les responsables de l'entreprise ont la volonté d'utiliser beaucoup le chemin de fer, par exemple, mais il doit y avoir toute une réflexion avec la SNCF. Ça dépasse la ville mais la ville est entremetteur, si je puis dire, entre la SNCF et le Conseil régional, et cet industriel, qui voudrait justement favoriser le rail, n'y arrive pas, tout simplement parce qu'aujourd'hui la SNCF a un engorgement de lignes sur la région Nord.

Voilà une petite action qu'on a eue en commun. Volkswagen veut bien aussi nous aider financièrement pour notre parc, mais c'est un peu compliqué avec la gestion de l'ONF. Ce sont des actions ponctuelles et ils ne sortent pas de leur rôle d'industriel. Ce qui est au demeurant normal.

Votre avenir, comment le voyez-vous par rapport à cette mise en place de l'Agenda 21 ? Vous vous comparez très souvent à ces villages de Gaulois... Agir localement, est-ce l'unique sens pour vous du développement durable ?

Là, je crois que c'est tout sauf électoral. Il faut bien se mettre dans la tête qu'il ne faut pas que ce soit un argument électoral. Parce que si jamais on se dit : « On va bâtir notre campagne sur le maire propre, le maire écolo... », ce n'est pas bon, parce qu'on va rentrer dans un débat à la con, on va faire de l'écologie – mais quand je dis de l'écologie ça peut être noble – mais on va faire de l'écologie pour le faire savoir. Et c'est peut-être même pour ça qu'on a été, un moment, mauvais en communication, c'est parce qu'on s'est dit qu'il ne faudrait surtout pas que ça devienne un enjeu électoral, parce qu'un enjeu électoral c'est un enjeu qui est discuté, et qui est critiqué. C'est vraiment le genre de truc sur lequel il faut qu'on ait un consensus total. Il faut absolument le dépolitiser, totalement.

Ça, ce n'est pas la réponse à la question. La réponse c'est : comment je vois mon avenir de maire ? Je le vois sans faire de l'écologie ou du développement durable un argument. Ça doit faire partie des choses normales, comme on gère un budget, etc. Ça, on n'en parle pas.

En revanche, le développement de la ville, oui. Bénéficier de l'effet d'exemplarité qui a été souligné pendant un moment, ça c'est extraordinaire, parce que, à mon avis, on peut accélérer le phénomène de communication. Et si on accélère le phénomène de communication, parce qu'on est exemplaire, là ce n'est plus forcément un enjeu électoral, mais c'est un enjeu très motivant qui permet de rendre la ville fière de ce qu'elle fait.

C'est un enjeu considérable aussi auprès des enfants, parce que les enfants sont très, très sensibles à ça. Et je pense qu'à un moment on ne l'avait pas compris, mais si les enfants savent que leur ville est exemplaire là-dessus, ça peut leur donner envie de dire à leurs parents de faire l'effort nécessaire pour que cette exemplarité continue à l'être. Parce qu'on est très, très vite rattrapé par les autres. Et, heureusement, d'ailleurs, il faut que tout le monde rattrape tout le monde sur ce sujet.

La priorité pour vous est maintenant une campagne d'information et de sensibilisation de vos administrés et des enfants ?

Oui. On a été pudiques là-dessus, parce qu'on s'est dit : Il ne faut pas que ce soit un enjeu bassement électoral... Je le répète, on avait vraiment peur que ce soit un objet qui devienne polémique, qu'on dise : Attention, ils prennent l'écologie comme un argument publicitaire... ça ne veut rien dire. Il ne faut surtout pas qu'on rentre dans ce domaine-là. Il faut vraiment que tout le monde soit conscient que c'est un enjeu mondial. Alors commençons par notre vie de tous les jours.

Surtout, ce qu'il faut faire comprendre, au niveau d'une ville je parle, c'est que c'est dans un environnent fermé et petit que nous sommes pleinement responsables. C'est l'histoire des crottes de chiens. La crotte de chien, elle pollue tout le monde. Donc, à un moment, c'est bien un toutou et son maître. Et ça, il faut qu'on arrive à le comprendre.

Ça devient extrêmement compliqué, parce que c'est vrai qu'on est peut-être de moins en moins solidaires les uns des autres, même à la campagne. Il y avait encore cette notion de territoire. 10 000 habitants, on est déjà presque trop grand pour avoir cette solidarité de porte à porte. J'entendais notre ministre de la Ville qui disait : « Ce qui est formidable, c'est que les mamans puissent être au rez-de-chaussée, parce que l'avantage c'est que, quand elles ouvrent la porte, elles se parlent au pas de la porte... » À Villers-Cotterêts, on a déjà des petits immeubles, donc on n'a plus ce langage de porte à porte. Et c'est vrai qu'on a perdu cette solidarité.

Alors, il va falloir le faire re-comprendre. Par des incitations financières. Mais le problème est que les incitations financières ne sont pas individuelles, elles sont collectives. Mais il faudra quand même qu'on le fasse comprendre.

On communique par exemple beaucoup sur notre station d'épuration. On va avoir un prix de l'eau qui va être bien placé à dépollution égale, tout simplement parce que, on parlait des incitations financières, on va recevoir de grosses primes. Comme la station fonctionne bien, elle est primée, donc le prix de l'eau diminue. Voilà, ça, on peut le faire comprendre. Mais, là-dessus, l'individu ne rentre pas en ligne de compte, sauf à lui demander de consommer le moins d'eau possible – ce qui lui est nécessaire.

Alors on est toujours pris entre cette échelle locale et cette échelle collective, et ça va être certainement notre principal travail.

HENRI BERTHOLET

Maire de Romans-sur-Isère

Maire de Romans-sur-Isère

LA DIALECTIQUE DU LOCAL OU DU GLOBAL

La ville de Romans-sur-Isère est souvent citée comme l'une des premières, parmi les villes moyennes françaises, à s'être dotée d'un Agenda 21 local. Cela suppose un engagement fort, de la part d'un maire...

Bien sûr ! Mais cela est venu assez naturellement dans le développement d'une action municipale qui est, comme toujours, à la fois le produit de convictions personnelles et d'une dynamique collective. Dynamique d'une équipe, mais aussi d'une « société » locale (je n'aime pas beaucoup l'expression « société civile »), plutôt porteuse dans le domaine des préoccupations environnementales (ce qui n'est d'ailleurs pas toujours de tout repos pour les élus... Mais nous aurons sans doute l'occasion d'y revenir.)

La conviction personnelle. Je peux dire qu'elle n'a fait que se renforcer au fil du temps. Mais elle plonge loin ses racines : dans l'enfance même.

Je me rappelle ma passion pour les paysages. Ceux que je pouvais apprécier autour de mon village, ceux que je découvrais dans les livres (et ma collection de cartes postales !), ceux que je rêvais de découvrir pour de bon dès que j'en aurais la possibilité. Et je dois même dire que mes paysages préférés étaient toujours ceux du passé, ceux qui n'existaient plus ; ceux des aquarelles d'une Côte d'Azur idyllique, vierge de béton, ceux des *Lettres de mon moulin*.

Et j'en arrivais presque à déplorer de ne pas avoir vécu plus tôt, quand tout cela n'avait pas encore été altéré.

Heureusement, ma culture sur les questions d'environnement n'en est pas restée à ce tropisme passéiste. Il n'était d'ailleurs pas exclusif, et je pouvais m'enthousiasmer pour les œuvres humaines : je me souviens de l'impression si forte que m'avait laissée, découverte dans un livre consacré aux *Merveilles du monde*, la fameuse « Maison sur la cascade » de Franck Lloyd Wright.

Et, bien sûr, j'ai compris aussi que les paysages qui me paraissaient les plus indemnes, les plus bucoliques, étaient eux-mêmes largement jardinés par l'homme. Je crois que ces confrontations entre mes propres pensées juvéniles m'ont aidé plus tard à ne pas confondre écologie et nostalgie. Mais il m'en est resté, heureusement, un attachement à la préservation des espaces naturels, une répugnance à la prédation, la conviction que les interventions inévitables sur le paysage doivent se donner pour règle de ne pas attenter à sa beauté, et même d'y contribuer. Et c'est vrai aussi du paysage urbain, bien entendu.

À l'approche de l'âge adulte, lorsque je suis devenu militant politique, la motivation sociale de mon engagement (disons « le rêve de changer la vie ») n'a jamais complètement occulté ces préoccupations. Mais il faut bien reconnaître que c'est petit à petit qu'elles sont venues occuper, dans mon propre « agenda » politique, une place tout à fait centrale, tout à fait consubstantielle de l'ensemble des objectifs.

Il est clair que la diffusion de la culture écologique y a joué son rôle. Comme beaucoup, je suis passé du souci « environnemental » à la conscience douloureuse que l'avenir même de la planète (et de l'humanité) était l'enjeu de nos comportements (de nos comportements collectifs, « politiques », mais aussi de nos comportements individuels).

Au centre de toute action politique respectable, je place naturellement l'objectif d'améliorer les conditions de vie du plus grand nombre de gens, de rendre la société plus juste, plus solidaire, plus fraternelle. Mais quel sens cela aurait-il s'il s'agissait de le faire au détriment des intérêts des générations futures, au détriment même des conditions de vie sur la terre ?

C'est pourquoi il n'y a pas d'autre voie possible, à mon avis, que celle du « développement durable ». Et le Sommet de la Terre de Rio, en lançant le mouvement des « Agenda 21 », a proposé aux responsables politiques, à tous les niveaux, une procédure pertinente pour s'inscrire dans l'effort planétaire nécessaire. Cela concerne aussi bien les Nationes unies, les ensembles continentaux comme l'Union européenne, les États nationaux, que les collectivités territoriales et les communes elles-mêmes. Chacun de ces niveaux de responsabilité devrait se sentir responsable et à même d'élaborer son Agenda 21.

En ce qui concerne Romans, j'ai lancé cet objectif dès la fin de 1996. Ce fut un vaste chantier, piloté par l'adjoint à l'environnement et notre chargée de mission, auquel ont participé des partenaires variés : associations, institutions, entreprises, techniciens, élus et citoyens. Avec une alternance de réunions plénières périodiques (le Forum 21) et d'ateliers spécialisés se réunissant chaque semaine (les Ateliers 21). Tout ceci alimenté par un travail d'information sur les grandes problématiques écologiques (avec interventions de spécialistes, universitaires ou autres) aussi bien que sur l'état des lieux et l'action publique au niveau local. Avec aussi les enseignements d'un questionnaire adressé à tous les citoyens et l'appui d'un organisme comme « Rhône Alpes Énergie Environnement ». Rédigé au terme de près de trois années de travaux, l'Agenda 21 a été présenté au conseil municipal en 2000. À travers plus d'une cinquantaine de fiches, il décline des pistes d'action couvrant l'ensemble des domaines touchant à l'environnement. Et il est à la disposition non seulement des élus et des services municipaux, mais de tous ceux qui, quel que soit leur niveau de responsabilité (entreprenariales, administratives, associatives et même personnelles), entendent agir pour le développement durable.

Le « développement durable », tout le monde en parle désormais. Mais on a parfois l'impression que pour certains interlocuteurs il ne s'agit au fond de rien d'autre que de l'expression politiquement correcte aujourd'hui pour dire « développement » tout court...

Il y a un peu de ça, c'est certain. Mais cela prouve au moins une chose : c'est que personne ne pense plus pouvoir s'exonérer, au minimum, de manifester qu'il prend en compte cette préoccupation. C'est aussi, à travers ce type de phénomènes, que les idées conquièrent « l'hégémonie » (au sens gramscien du terme). Il est vrai que le mot « durable » rend imparfaitement compte du champ sémantique de l'adjectif « sustainable » utilisé en anglais, qui couvre non seulement l'idée de durabilité dans le temps mais aussi celle de « supportabilité » pour la nature... et pour l'homme !

Mais enfin il me semble assez clair pour tout le monde que la recherche du « développement durable » vise, selon la définition désormais classiquement admise, à satisfaire les besoins des générations actuelles sans handicaper la possibilité pour les générations futures de satisfaire les leurs. Et, tout aussi classiquement, cela suppose la prise en compte de trois impératifs inséparables : celui d'une économie respectueuse de l'environnement, celui de la satisfaction d'un minimum de justice sociale (de conditions de vie décentes pour tous les habitants de la planète), celui de la démocratie à tous les niveaux de la société.

Il est donc bien clair qu'il ne s'agit pas là d'un quelconque culte fondamentaliste de la nature mais bien d'une écologie politique, d'un humanisme ayant véritablement le souci de tous les êtres humains, où qu'ils soient sur la planète ; ceux d'aujourd'hui comme ceux de demain et de bien plus tard. J'ajoute, en ce qui me concerne, que je ne sépare pas cet engagement de mon engagement socialiste. La bonne prise en compte du développement durable par les élus locaux est, à mon avis, inséparable d'une réflexion globale sur l'état du monde. Plus que jamais, le fameux précepte « Penser globalement. Agir localement » doit être une règle d'or. Il doit d'ailleurs être bien intégré dans toute sa dimension dialectique. On ne prend localement les bonnes décisions que si elles sont éclairées, sous-tendues, par une réflexion qui englobe la préoccupation de l'humanité et de sa planète ; mais il est vrai aussi que l'expérience de l'action locale est riche d'enseignements pour la réflexion générale.

Cette conception fondée sur la dialectique du local ou du global, j'avais notamment eu l'occasion de la développer dans le petit livre écrit en prélude au débat électoral municipal de 1995 sous le titre (un peu « bateau » certes, mais c'était le nom de notre future liste) : « La ville en marche ! »

La décision d'élaborer un Agenda 21, prise dès l'année suivante, n'est dont pas tombée du ciel mais elle s'est inscrite comme un des prolongements concrets d'une réflexion plus théorique du maire et de son équipe, en harmonie avec une aspiration forte du milieu local, manifestée notamment à travers les activités de la «Maison de la nature et de l'environnement»; maison dont la création figurait au programme municipal de la gauche en 1989 et fut immédiatement réalisée.

Vous disiez vous-même, au début de l'interview, que le dialogue des élus avec les citoyens ou les associations sur les questions d'environnement n'était pas toujours de tout repos...

C'est vrai! La mise en œuvre du développement durable est forcément l'objet de débats difficiles et passionnés. Et ceci pour plusieurs raisons!

D'abord parce que, comme toujours lorsqu'on doit décider dans une matière complexe où interviennent de multiples paramètres, il n'y a pas de solution idéale, mais seulement des solutions de compromis, plus ou moins bonnes. Ainsi que le répétait souvent mon prédécesseur à la mairie, «on ne choisit qu'entre des inconvénients!».

Exemple concret: le contournement routier de Romans, en partie réalisé aujourd'hui mais dont les tronçons les plus problématiques restent à construire. Qu'il s'agisse de la prochaine étape (traversée d'une zone inondable et d'une zone agricole jusque-là préservée de l'urbanisation intensive, mais comprenant quelques belles résidences), ou de l'étape ultérieure: traversée de l'Isère, avec construction d'un nouveau pont.

Les inconvénients du projet ne sont pas niables: modification de l'écoulement des crues de la Savasse (petit affluent de l'Isère), à prendre en compte dans les travaux (de toute façon nécessaires) pour prévenir les effets de la crue centennale qui seraient catastrophiques si les choses restaient en l'état actuel; disparition de 30 ha de terres agricoles pour la première étape et d'autant dans la suivante; coupure dans le tracé de quelques petites routes; nuisances phoniques pour quelques dizaines de riverains. Sans compter leurs craintes concernant une dévalorisation de leurs biens. Sans compter non plus (mais dans quelle mesure?) l'invitation au transport automobile que constitue toute amélioration du réseau routier.

Les avantages de la réalisation, sa nécessité même, n'en sont pas moins éclatants : en son absence, l'essentiel de la circulation de transit emprunte forcément, sur plusieurs kilomètres, les rues du centre-ville. Situation aggravée par le fait que la plupart des origines et destinations se situent à l'ouest de l'agglomération (vallée du Rhône et autoroute A7), alors que les zones d'activité et la plus grande partie des zones d'habitat se situent à l'opposé. Il s'ensuit, pour des milliers de riverains des axes concernés, pour un lycée, un collège, des nuisances quotidiennes et un danger bien réel. Et c'est de plus un frein non négligeable au développement de l'activité économique dans une agglomération frappée par un chômage massif du fait de la disparition, au cours des trois dernières décennies, de 80 % des emplois dans l'ancienne mono-industrie du cuir et de la chaussure. On ne s'étonnera pas, dans ces conditions, que la réalisation soit attendue avec impatience par la grande majorité de la population.

Que font, devant pareille problématique, les élus soucieux de développement durable ? Ils ne peuvent ignorer les inconvénients et chercheront à les réduire le plus possible (restitution des terres cultivables ou compensations financières pour les agriculteurs, protections phoniques, reconstructions paysagères de qualité, réalisation d'un nombre raisonnable de franchissements de l'ouvrage). Soucieux de promouvoir les modes doux de transport, ils l'accompagneront de pistes cyclables. Ils choisiront, bien sûr, le parcours le mieux approprié à l'objectif de détourner de la ville le trafic de transit : ni inutilement rallongé par rapport au parcours urbain, ni dangereusement tortueux. Ils veilleront à éviter (comme c'est le cas à Romans) d'empiéter sur une éventuelle zone de protection du captage des eaux ; pour décider du calibrage de l'ouvrage, ils s'entoureront d'un maximum de données prévisionnelles concernant les trafics, en ayant soin de ne pas les exagérer, pour ne pas risquer de contribuer à leur croissance même. Mais, sachant que les faits sont têtus et que le volontarisme politique a ses limites, qui touchent à la liberté des individus, ils n'iront pas jusqu'à considérer qu'ils n'ont pas à tenir compte ne serait-ce que de l'hypothèse la plus faible d'augmentation du trafic résultant des études.

Ce faisant, ils s'orienteront vers ce qui leur paraîtra le meilleur compromis en matière d'écologie (amélioration considérable de la qualité de la vie dans la ville, diminution globale des pollutions générées par les embouteillages et les temps de trajet rallongés). Ils obéiront au principe de précaution (en évitant aussi bien la réalisation pharaonique que celle – insuffisante – qui devrait bientôt être suivie d'une autre et en recherchant les solutions les moins accidentogènes possibles).

La décision finale ne résultera d'ailleurs pas du choix des seuls élus locaux. S'agissant d'une infrastructure du déplacement pour laquelle le département a vocation à être maître d'ouvrage et financeur, l'instruction du dossier fera l'objet de multiples concertations entre celui-ci et la ville, auxquelles participeront les vigilants services de l'État. Car il ne s'agit pas, en la matière, de considérer les seuls besoins des habitants de la commune. Il s'agit au contraire de concilier à la fois leur aspiration à la tranquillité, à la sécurité, ainsi que leurs propres besoins de déplacement, avec une contribution à l'amélioration de la situation des déplacements pour les habitants d'un territoire beaucoup plus vaste.

Ces concertations ne se limiteront évidemment pas aux élus et à leurs services. Non seulement le projet ne pourra aboutir qu'à travers une procédure de déclaration d'utilité publique, elle-même précédée de l'enquête publique, comme le prévoit la loi. Mais il est clair que des élus démocratiquement et écologiquement responsables la feront précéder de plusieurs réunions publiques pour informer les citoyens des différents étapes d'avancement du dossier et recueillir leurs avis, ainsi que ceux des associations motivées par ce débat ; au premier rang desquelles celles qui ne manqueront pas d'interpréter sans complaisance le projet, soit parce qu'elles ont pour vocation la défense de l'environnement, soit parce qu'elles se sont constituées pour la défense de l'intérêt des riverains.

Et c'est évidemment avec ces deux types d'associations – qui ont parfois tendance à se constituer en un seul « front du refus » – que le dialogue des élus, comptables de l'intérêt général, va être, à peu près inévitablement, difficile.

Malgré toutes les études, malgré la mise à plat de toutes les données du problème, malgré le caractère insupportable pour des milliers de gens, d'une situation existante, malgré tout ce qui pourra être accepté des suggestions formulées lors de la concertation, certains interlocuteurs (auxquels je ne réduis pas l'ensemble des militants associatifs) risquent fort de maintenir jusqu'au bout une attitude de refus irréductible, soit par fondamentalisme écologique, soit par motivation personnelle de type « nymbiste ». L'écologiste fondamentaliste, ou même seulement animé par un volontarisme extrême, aura toujours tendance à considérer que le moyen le plus radical pour résoudre les problèmes posés par la circulation automobile est de la décourager en la rendant très difficile. Et qu'importent alors les contraintes et les dangers que cela représente pour des tas de gens !

Quant aux « nymbistes », qui acceptent volontiers les commodités procurées par les nouveaux équipements, qui ne sont pas toujours les derniers à protester contre « les retards » en la matière et à exiger des réalisations nouvelles, mais qui ne manquent jamais de protester, la main sur le cœur, de leur conviction profonde que, dans l'intérêt général, il vaut mieux les localiser ailleurs que là où vous avez prévu (dès lors que, là où vous avez prévu, c'est près de chez eux...), force est de constater leur pouvoir grandissant d'obstruction.

Et lorsque cette régression de l'esprit civique vient se parer d'une caricature d'écologie, on atteint souvent le comble de la mauvaise foi.

Tout cela ne serait pas très grave si la seule conséquence était d'importuner les élus et de compliquer leur tâche. Le drame est, en revanche, dans la perpétuation de situations néfastes dont le coût matériel et humain ne doit pas être sous-estimé. Il est dans l'entrave à la mise en œuvre d'une politique équilibrée de développement durable dans tous ses aspects (environnementaux, mais aussi sociaux et démocratiques). Il est dans le fait que le retard mis à prendre telle ou telle mesure (avec ses avantages et ses inconvénients) se paye souvent de mesures prises, plus tard, dans l'urgence, avec moins de précautions et davantage d'inconvénients.

Heureusement, nombre de ceux qui se réclament des politiques écologistes savent ne pas être dupes du travestissement « écolo » des réflexes nymbistes ; tout comme ils savent qu'en matière d'exigence environnementaliste comme en d'autres matières, ce qui se proclame comme le mieux est souvent l'ennemi du bien : et ils ne sont pas les derniers à résister, lorsqu'il le faut, aux exigences de l'extrémisme irrationnel et à déjouer l'individualisme, même paré de vert.

On vous sent là plutôt remonté sur le sujet ; n'est-ce pas un peu étonnant de la part de celui qui a été l'un des premiers maires à lancer l'élaboration d'un Agenda 21 à travers une large concertation ?

Au contraire, si j'insiste là-dessus, c'est parce que nous sommes là en face de comportements qui, lorsqu'ils sont poussés à leur extrémité, lorsqu'ils utilisent toutes les armes du juridisme, se retournent contre leurs buts proclamés et contrarient la mise en œuvre d'une politique de développement durable équilibrée et conséquente. Non seulement parce qu'ils font perdre du temps à l'action publique et mobilisent des efforts qui seraient mieux employés à avancer sur d'autres dossiers eux aussi nécessaires ; non seulement parce qu'ils prolongent des situations de souffrance et de danger pour beaucoup de gens ; mais aussi parce que, par leur caractère extrémiste et caricatural, ils décrédibilisent la préoccupation écologiste, renforcent la tendance de beaucoup à juger exagérée la place que lui accordent les élus, et favorisent le discours démagogique qui flatte la propension à l'irresponsabilité dans ce domaine.

Et pourtant, il y a tant à faire dans tous les domaines concernés par l'Agenda 21 !

Romans a la chance d'être située sur un aquifère abondant que les nitrates et autres pollutions n'ont pas trop gravement dégradé. Dresser une cartographie complète de cette ressource, tout faire pour la préserver (et même tenter d'améliorer sa qualité), entretenir et améliorer les réseaux ; tout cela fait l'objet d'une attention permanente ! Il y a trente ans, notre ville a été une des premières de la région à se doter d'une station d'épuration. Elle est désormais remplacée par une nouvelle usine de dépollution, répondant aux normes les plus exigeantes, que nous inaugurons ces jours-ci. Plusieurs communes de la rive sud de l'Isère, qui jusque-là rejetaient directement leurs eaux usées dans la rivière, ont décidé, depuis quelques années, de s'y raccorder (l'ancien maire de la principale d'entre elles, Bourg-de-Péage, considérait que, puisque d'autres polluaient en amont, il n'y avait pas d'intérêt à «mettre de l'eau d'Évian dans un pot de chambre»).

Ainsi les progrès de l'action intercommunale sont un levier important d'une politique conséquente du développement durable.

Nous en avons un autre exemple dans le domaine des transports, où le changement de municipalité de 1995, à Bourg-de-Péage, a enfin permis que le réseau d'autobus franchisse les ponts de l'Isère. Et nos collègues péageois ont accepté que le plan de déplacements urbains volontaire, qui était un axe fort de notre Agenda 21, soit un PDUV intercommunal. Encore faut-il noter que les pesanteurs du passé n'ont pas, à ce jour, permis d'unir dans une seule communauté d'agglomération la communauté de communes du pays de Romans et celle du canton de Bourg-de-Péage, alors que les deux villes forment un seul tissu urbain de part et d'autre des ponts sur l'Isère. Évidemment, cette union que la municipalité de Romans appelle de ses vœux favoriserait dans tous les domaines une meilleure cohérence de l'action, et donc un meilleur rapport efficacité-coût.

La question de l'élimination des déchets est, elle aussi, traitée dans le cadre de la coopération entre les territoires. Malgré les difficultés inhérentes à un certain gigantisme, le syndicat ad hoc, qui regroupe toute une partie des communes de la Drôme et de l'Ardèche, travaille à améliorer le PIED (plan interdépartemental d'élimination des déchets) afin d'améliorer le tri à la source, la collecte sélective, les procédures de valorisation, afin de réduire, autant que faire se peut, le volume de ce qui sera incinéré dans l'usine qui reste à construire. Pour ce qui concerne Romans, nous mettons en place, progressivement mais sûrement (quartier après quartier, et avec l'accompagnement pédagogique nécessaire pour la réussite), la collecte sélective de porte en porte. Nous construisons également une nouvelle déchetterie, plus moderne, en tirant les enseignements du fonctionnement de celle réalisée il y a plus de dix ans.

La prévention des risques naturels et industriels fait l'objet d'un soin constant. Des travaux (intercommunaux) sur le cours de la Savasse ont déjà réduit les risques. D'autres, bien plus considérables, sont programmés pour protéger toutes les zones habitées de la crue centennale ; (et il va sans dire que nous avons stoppé l'urbanisation dans les zones inondables). Plusieurs usines, dont la FBFC (qui conditionne l'uranium utilisé dans les centrales nucléaires en France et à l'étranger), font l'objet de dispositions particulières et d'une surveillance importante, celles (comme les tanneries) qui rejetaient des effluents nocifs ont été invitées à améliorer la situation et ont investi pour cela.

Une des richesses de Romans est son paysage urbain, son centre historique, les berges de l'Isère. Le cœur de la cité continuera à bénéficier des efforts pour lui permettre de retrouver son animation d'autrefois, tout en le rénovant et en assurant la préservation du patrimoine. L'ensemble des berges, urbanisées et naturelles, fait actuellement l'objet d'une procédure de ZPPAUP (zone de protection du patrimoine architectural urbain et paysager).

Je pourrais ainsi décliner longuement la totalité de nos domaines d'action tournée vers le développement durable. Mais je crois que ce n'est pas nécessaire pour vous convaincre qu'il s'agit d'une politique globale, qui imprègne tout notre projet pour la ville (et bien au-delà). Les zones d'activité nouvelles et originales que met en place, autour de la gare TGV, le syndicat mixte de « Rovaltain » que je préside (réunissant un territoire de 170 000 habitants dans le triangle Romans-Valence-Tain-l'Hermitage) répondront aux meilleures normes HQE (haute qualité environnementale).

Vous le disiez précédemment, le développement durable c'est aussi le social et la démocratie...

Tout à fait ! Il faudrait beaucoup de temps pour détailler les domaines de l'action sociale proprement dite. Dans une agglomération frappée, plus que d'autres, par le chômage, ils revêtent forcément une grande ampleur.

Je me bornerai à mentionner, au croisement du social, de l'économie, de l'urbanisme, notre opération de renouvellement urbain... La procédure ORU, fortement aidée par l'État, a pour objet de permettre la restructuration complète du quartier de la Monnaie, hérité de l'urbanisme social des années 50 et 60, et qui concentre aujourd'hui tous les problèmes des quartiers dits « sensibles ». Claude Bartolone, ministre de la Ville, nous avait permis de nous inscrire dans cette procédure au vu de la situation marquée à nouveau par la suppression de centaines d'emplois dans la chaussure ; son successeur, Jean-Louis Borloo, nous incite à être plus ambitieux encore dans les opérations de renouvellement et nous a promis une aide accrue.

Ce sera, en même temps que les efforts pour rénover et revitaliser le centre-ville, un grand chantier des années à venir.

En ce qui concerne la démocratie, j'insisterai sur le fait que l'ORU se met en place à travers une concertation permanente avec les habitants (comprenant une interrogation de chacun à son domicile, par des « habitants relais », ainsi que des réunions par immeubles et groupes d'immeubles). Partout ailleurs aussi, nous nous efforçons de consulter les habitants sur leurs souhaits et avant la réalisation de tout projet, de tout aménagement grand ou petit. (Il reste des progrès à faire pour systématiser cette politique.)

Nous avons développé, au cours des années écoulées, plusieurs maisons de quartier aux activités riches.

J'ai souhaité qu'elles deviennent un lieu privilégié de l'écoute des habitants et de la concertation, et que ce rôle leur soit officiellement reconnu dans les conventions que nous signons avec elles. Déjà plusieurs ont mis en œuvre des initiatives dans ce sens.

Naturellement, le « Forum 21 » devra continuer à se réunir pour traiter des questions à l'échelle de toute la commune et faire vivre l'Agenda 21.

Il est un domaine que vous n'avez pas abordé, et dans lequel pourtant Romans est bien repérée parmi les villes moyennes (au moins autant que pour son Agenda 21), c'est celui de l'action internationale, de la coopération décentralisée...

C'est vrai. C'est à la fois le produit d'une histoire et d'une conviction. L'histoire, c'est celle d'une tradition déjà forte en matière de jumelages lorsque la gauche arrive à la mairie en 1977. Dès lors, elle va s'appuyer sur cette tradition de jumelages européens pour lui donner un contenu plus riche en échanges de toute nature et l'élargir à d'autres horizons géographiques et culturels.

Avec quelques autres, je serai un des artisans actifs du développement des jumelages et du tournant vers la « coopération décentralisée » (d'abord comme conseiller municipal, puis de 1983 à 1989 – je ne suis alors pas élu – comme président du Comité de jumelages et d'échanges internationaux, puis comme adjoint chargé de la culture, et enfin comme maire).

Cet engagement repose évidement sur la conviction que le sort de chaque « citoyen du monde » est lié à celui de tous les autres et que le cheminement, si difficile, vers un monde plus juste et plus fraternel ne saurait être laissé au soin des seuls États et de leur volonté de puissance (même si leur orientation vers des politiques plus solidaires est indispensable et doit faire l'objet de notre permanente exigence).

Et c'est ainsi que, tout en nous efforçant de faire vivre les jumelages qui contribuent à développer le sentiment d'appartenance européenne, avec Varese (Italie), Coalville (Grande-Bretagne), Straubing (Allemagne), Zlin (République tchèque), Zadar (Croatie), nous avons développé des coopérations décentralisées autour de projets bien dans l'esprit du développement durable avec Vardenis (Arménie), Taroudant (Maroc), El Jem (Tunisie) et les villes du district de Bethléem (Palestine).

Quelques exemples donneront une idée de ce qui est possible lorsqu'une ville s'engage dans une telle politique...

À Vardenis (2 000 mètres d'altitude) à l'économie agricole et industrielle, dévastée par la désorganisation post-soviétique et les conséquences de l'hostilité turque et du conflit avec l'Azerbaïdjan, notre coopération a été notamment déterminante pour initier une production fromagère (à laquelle une firme américaine n'a pas tardé à venir ensuite s'intéresser !).

À Taroudant, notre intervention a permis (tout en respectant les modes de fabrication traditionnels) d'améliorer notablement les conditions de travail de la tannerie artisanale et d'accroître son attrait touristique et commercial. Notre coopération est également à l'origine, par exemple, de la mise en place d'une bibliothèque publique bilingue arabe et français (le rayonnement de la France à travers sa langue et sa culture ne nous est évidemment pas indifférent).

À El Jem, l'ancienne Tysdrus des Romains, où le Colisée n'arrêtait qu'une heure les cars de touristes en route vers les stations balnéaires, toute une partie de la coopération est tournée vers le développement du tourisme culturel, avec notamment la reconstitution d'une villa romaine et le renforcement des manifestations festivalières.

Avec l'agglomération de Bethléem, la coopération, voulue en 1994 comme une pierre apportée à l'édifice du processus de paix, a bien sûr été fortement handicapée par la reprise des combats et la réoccupation par l'armée israélienne. Tournée au début vers la formation de guides touristiques francophones, ou la restauration d'un hameau (vestige encore préservé d'un patrimoine paysager peu à peu détruit par le saccage écologique qu'est aussi l'implantation des colonies), elle a forcément pris aujourd'hui une dimension plus « politique » (au sens de la participation à l'expression de l'exigence d'une paix juste, dans l'intérêt des deux peuples).

Pour terminer j'insisterai à nouveau sur le fait qu'une action conséquente pour le développement durable ne peut se concevoir que dans l'articulation entre le local et le global.

La plus récente actualité, qui a vu dépenser en quatre semaines de guerre des sommes qui, correctement utilisées, auraient pu permettre de faire considérablement reculer la misère sur la planète, démontre une fois de plus l'urgence d'un autre ordre mondial se donnant pour but le développement solidaire. Quel citoyen informé, quel élu responsable pourrait s'en désintéresser ?

Plus que jamais il importe de soutenir tous les efforts pour protéger, accroître et consolider la difficile construction d'une gouvernance mondiale (à commencer par l'ONU).

Dans ce contexte, le rapprochement actuellement en cours entre les différentes fédérations internationales de villes et de pouvoirs locaux, et leur réunion prochaine en une seule organisation afin de donner dans le « concert mondial » tout son poids à la prise en compte, partout, de la dimension locale du développement, est porteuse de grandes potentialités.

JEAN-MARIE BOCKEL

Maire de Mulhouse

LA VILLE, LIEU DU DÉVELOPPEMENT GLOBAL

Quelle est pour vous la définition du développement durable ?

Le développement durable est un nouveau mode de développement qui s'est mis en place face aux grands défis constatés sur la planète, que ce soit au plan de l'écologie ou bien des déséquilibres sociaux. Il faut bien avouer que les modes de développement classiques n'ont pas apporté de solution valable à l'accroissement de l'humanité, à la consommation des ressources, ni à la dégradation croissante du milieu de vie.

Autrement dit, le développement durable est quelque part une remise en cause à la fois d'un système économique ultra-libéral qui oublierait qu'il est nécessaire de maintenir en état la planète et aussi d'apporter aux populations du bien-être ; mais encore, de la même manière, d'une écologie qui serait très sectaire et qui ne s'intéresserait qu'à la protection de la nature, à la limite en excluant l'homme du système ; ou enfin d'une vision sociale étroite qui ne règlerait que les problèmes en aval, en oubliant l'intérêt de l'insertion sociale par l'emploi, et aussi du cadre de vie.

C'est pour cela que je suis partisan du développement durable ; c'est une notion équilibrée, ouverte, attentive aux autres et qui, en plus, se projette résolument vers l'avenir, en se posant la question de l'état dans lequel nous laisserons nos sociétés et l'environnement naturel après notre action.

Chacun peut comprendre l'émergence de ce nouveau mode de développement, face aux grands défis de la couche d'ozone, de la pauvreté dans le monde, de l'absence d'accès à l'eau potable pour une grande partie de l'humanité, etc. sachant que les idées de croissance zéro n'ont pas apporté non plus de réponse satisfaisante à ces problèmes.

La ville de Mulhouse s'est-elle engagée dans la mise en place d'un Agenda 21 local ? Si oui, qu'en attendez-vous et comment vous y êtes-vous pris ?

Un Agenda 21 local est un programme d'action de développement durable partagé par les acteurs du territoire. Le paramètre que j'ai choisi est celui de la communauté d'agglomération Mulhouse Sud-Alsace, qui est composée de la ville centre et de 4 communes de sa périphérie ouest. On associe de cette façon une partie très urbanisée à une couronne périurbaine où la nature et l'agriculture sont encore bien présentes, ce qui conduit à des paysages de qualité, et l'on peut ainsi réfléchir sur les relations entre la ville et son environnement proche, en somme le devenir de ces zones rurales et naturelles.

J'attends d'un Agenda 21 local une réponse aux composantes classiques du développement durable, à savoir : l'économie, l'environnement, le social et le mode de gouvernance.

Il faut rappeler que la ville de Mulhouse, donc la ville centre, s'était engagée dès 1992, grâce à sa charte pour l'environnement, mais aussi à l'aide de contrats de ville et d'une politique de développement économique, dans des actions qui relèvent désormais d'un concept de développement durable.

Il faut dire qu'il y a une sensibilisation mulhousienne à cette notion. À cela peut-être deux raisons principales :

1. l'histoire de la région mulhousienne qui a pris son essor sur une base industrielle et économique, donc qui fait preuve d'une forte culture économique ;

2. la sensibilité d'une région comme l'Alsace aux questions de la nature et de l'écologie, qui se traduit par le développement précoce de mouvements de défense dans ce domaine.

La conjonction de ces deux facteurs nous a conduits vers une politique environnementale élargie, mais, du fait des caractéristiques sociales de la région mulhousienne avec un habitat collectif et social très développé en pleine ville et la nécessité de le rénover et la volonté de poursuivre la voie économique, on peut dire que ce n'est pas un vain mot d'affirmer que l'esprit du développement durable était déjà présent sous forme de plans d'actions très concrets à Mulhouse.

J'ai donc souhaité que notre Agenda 21 local fasse d'abord un bilan de toutes les opérations qui étaient menées dans cet état d'esprit, ce qui permet d'une part de voir si ces actions sont pratiquées par un nombre d'acteurs limité ou, au contraire, déjà très bien appropriées au travers du territoire, de voir aussi si certaines actions sont manquantes et si nous devons nous y engager dès à présent.

Parallèlement, j'ai aussi souhaité développer une politique de sensibilisation et de communication sur le développement durable lui-même, dans la mesure où ce nouveau concept est encore trop peu connu, parfois mal compris ou interprété de façon partiale – ceci pour préparer une phase de consultation sur un projet d'Agenda 21 auprès d'acteurs bien informés de cette notion et donc susceptibles de s'engager en connaissance de cause. Je précise que la communication s'adresse aussi au public de la région mulhousienne via la presse locale, ainsi que par les documents d'information de la communauté d'agglomération Mulhouse Sud-Alsace et des communes qui la composent.

J'ai déjà remarqué que la plupart de nos partenaires, tels que les organismes gestionnaires du transport, de la collecte et du traitement des déchets, comme d'autres acteurs importants du privé, ont également repris ce thème au travers de leurs supports de communication.

Enfin, comme chaque projet fait l'objet d'une concertation approfondie, notre idée est de profiter de ces concertations pour montrer combien ces projets participent du développement durable et de notre Agenda 21.

En un mot, il apparaît que la région de Mulhouse a développé d'excellentes amorces, voire plus, dans quasiment toutes les composantes du développement durable.

Je veux par exemple citer, parmi bien d'autres, notre politique de la qualité de l'eau, avec une préservation à long terme d'une eau naturelle qui est distribuée sans traitement, de notre politique de déplacement fondée sur le plan de déplacement urbain (PDU) qui met en œuvre un projet ambitieux de tram-train, accompagné – entre autres – d'un plan cyclable, de la mise en place de parcs d'activités économiques à prescriptions environnementales (on peut donc parler de parcs économiques durables), de la rénovation urbaine de nombreux quartiers de la ville avec, par exemple, notre grand projet de ville (GPV) qui s'adresse aux quartiers anciens, et je veux citer également nos conseils de quartiers qui ont dix ans et qui participent à un mode de gouvernance durable.

Mais, quelle que soit l'importance de toutes ces actions, il est clair qu'il faut encore persévérer et prolonger toutes ces actions pendant quelques années encore, inciter ceux qui n'ont pas commencé à rejoindre le développement durable et, bien sûr, faire appel à l'imagination pour compléter l'éventail des actions déjà engagées.

Pour moi, un Agenda 21 doit être vraiment territorial, c'est-à-dire que les collectivités peuvent initier des actions, mais elles doivent inciter à des démarches parallèles dans le privé, que ce soit au niveau des particuliers ou des entreprises, mais également dans les services collectifs qui ont évidemment un rôle à jouer.

L'un des exemples est l'énergie, puisque nous avons mis en place, il y a déjà près de 4 ans, une Agence locale de maîtrise de l'énergie (ALME), qui a bien développé ses activités ; mais il est clair que l'on n'en est pas encore au stade où l'ensemble des bâtiments collectifs ont fait l'objet des transformations nécessaires aux économies d'énergie, mais qu'il faut résolument aller dans ce sens.

Enfin, je voudrais dire que je considère notre Agenda 21 comme un document ouvert et actualisable en permanence, ouvert à des partenaires qui souhaiteraient s'engager à nos côtés, car l'ensemble du monde économique, social et environnemental n'a pas pu être consulté, du moins directement au niveau des actions concrètes qu'ils pourraient engager, ouvert aussi sur les programmes qui pourraient s'ajouter suite à l'évolution des technologies ou à la prise de conscience d'intervenants dans un domaine ou un autre.

En définitive, un Agenda 21 local est pour moi tout d'abord un engagement qui montre que cette philosophie me paraît très valable pour les collectivités locales qui ont un rôle très concret à jouer en matière de développement durable ; et cela participe aussi à l'image que donne une collectivité comme la communauté d'agglomération Mulhouse Sud-Alsace vers l'extérieur.

Quelles sont les actions concrètes mises en place et envisagées à Mulhouse en matière de transport, d'énergie, de gestion des déchets, de gestion de l'eau, de lutte contre le bruit... bref, tout ce qui touche à l'environnement ?
Il y aurait beaucoup à dire sur l'action mulhousienne en matière d'environnement puisque, comme je l'ai indiqué plus haut, la sensibilité environnementale est forte à Mulhouse.

Ceci s'est concrétisé au plan global, d'abord par un plan municipal d'environnement qui a été élaboré par une mission transversale spécifique : la Mission interservices pour le respect de l'environnement (MIRE), par la première charte d'écologie urbaine signée en France, par des accords cadres successifs avec l'ADEME, etc.

Pour ce qui est des éléments naturels, j'ai déjà cité notre politique de l'eau, mais je peux brièvement la développer. Il s'agit de la préservation de la qualité sur l'ensemble du cycle, à la fois des eaux de surface et des paysages associés, des eaux de nappes dont la qualité naturelle doit absolument être préservée et, dans ce domaine, nous développons une politique de maîtrise d'usage des terrains, ce qui permet d'éviter des installations inadéquates, et aussi une agriculture trop agressive pour l'eau et – je le répète – nous distribuons à Mulhouse une eau non traitée. Mais c'est encore, à l'autre bout du cycle, la qualité de l'eau restituée après usage ; c'est notre politique d'épuration menée par un SIVOM et qui va améliorer son action par le traitement de l'azote et du phosphore, ce qui implique des investissements importants.

Pour l'air, nous disposons en Alsace de l'Association pour la surveillance et l'étude de la pollution atmosphérique (ASPA) dont nous sommes adhérents et qui effectue des travaux de caractérisation de la pollution de la région mulhousienne entre autres, ce qui permet de mener les actions nécessaires avec deux leviers principaux :

– La circulation, sachant que le projet de tram-train diminuera la présence de la voiture au cœur de la ville, et que les opérations de maîtrise de l'énergie réduiront aussi les rejets dans l'atmosphère.

Il est bien clair que tout cela contribuera à la fois à la qualité de l'air localement, mais aussi solidairement à la qualité de l'atmosphère en général.

– Pour ce qui est des espaces verts, il y a maintenant de nombreuses années que le parc zoologique et botanique de Mulhouse s'est orienté vers la préservation des espèces animales et végétales menacées d'extinction ; plus localement, je suis partisan – comme bien d'autres responsables alsaciens – de la notion d'aménagement en « trame verte » qui, tout en préservant les espaces naturels remarquables et en les reliant par des liaisons vertes (qui peuvent être ouvertes à la promenade et à l'observation), n'en permet pas moins, dans les espaces interstitiels de cette trame, un développement urbain ou l'installation de différents équipements ayant trait à l'économie ou aux voies de communication.

La notion de « trame verte » me paraît vraiment appartenir au développement durable car elle préserve beaucoup de possibilités pour chacun des acteurs du territoire, et même doit contribuer à la qualité des paysages et de la vie des habitants.

Un effort important a déjà été fait concernant la propreté urbaine et à la gestion des déchets. Nous avons développé, à l'aide du SIVOM, un réseau de déchetterie fonctionnant sur l'apport volontaire, complété par une collecte porte à porte, mis en place un centre de tri en amont de la nouvelle usine d'incinération fonctionnant pour la région mulhousienne, installé aussi différentes filières spécifiques comme celle des « déchets verts »...

Comme on peut le voir, l'essentiel du dispositif déchets est en place ; les actions pour l'eau, pour l'air, sont aussi bien formalisées.

Ce qu'il faut développer maintenant, ce sont les changements de comportements nécessaires pour éviter le gaspillage, par exemple. C'est donc ce qu'on appelle le « geste vert » ou l'éco-citoyen, de manière à ce que tous les dispositifs mis en place soient bien appropriés et bien utilisés.

Nous constatons de bonnes satisfactions en matière de déchets, mais il faut persévérer, c'est clair.

Cela dit, vis-à-vis de l'usage de l'eau, de la réduction de la pollution de l'air, il est certain que beaucoup de nos concitoyens doivent encore prendre conscience de l'importance de leur attitude à cet égard, que ce soit au niveau du gaspillage de l'eau qu'à un usage excessif de la voiture.

C'est l'action pédagogique qui prime ; nous disposons sur l'agglomération mulhousienne d'un Centre d'initiation à la nature et à l'environnement (CINE) installé sur la commune de Lutterbach, dans un moulin historique, et qui a pour tâche essentielle de pratiquer l'éducation à l'environnement et au développement durable.

Cela dit, il ne faut pas oublier l'action spécifique de certains services des collectivités et l'importance du tissu associatif qui pratique aussi beaucoup la sensibilisation dans ce domaine.

La ville de Mulhouse s'est-elle engagée dans des opérations de coopération Nord/Sud et de lutte contre des menaces globales (effet de serre, par exemple) ?

Je crois que le sujet des relations Nord/Sud est très important en matière de développement durable. Comment le nier ?

C'est une question essentielle de l'avenir et l'un des points sur lesquels j'ai axé mon intervention au « Sommet mondial des pouvoirs locaux sur l'eau » à Kyoto/Osaka. Les collectivités françaises ont déjà une grande expérience en ce domaine (eau, assainissement), mais sont prêtes à aller plus loin, à s'engager toujours plus, notamment sur le plan financier.

Je tiens à souligner la nécessité de recourir à de nouveaux modes de financement, comme le système centimes/eau qui, pour chaque mètre cube consommé, consacre quelques centimes à la coopération avec les pays du Sud. C'est un moyen d'allier l'efficacité et l'engagement citoyen.

À ce propos, je pense que les villes doivent poursuivre leurs opérations de coopération décentralisée. Certes, ce ne sont que de petits exemples et des actions ponctuelles, mais elles peuvent faire figure de modèles et, si elles sont démultipliées au travers de toutes les villes par exemple, cela peut commencer à constituer quelque chose de concret.

Par ailleurs, c'est une attitude qui peut redonner courage aux populations concernées et qui sont, en général, bien appréciées par le public. En ce sens, on pourrait aussi aider à l'implication de chacun dans ces opérations, sachant que je tiens essentiellement à ce que les fonds collectés ou attribués aillent directement à des actions concrètes.

Pour ce qui est de Mulhouse, nous menons trois coopérations :

– L'une en direction du Mali avec, comme opération principale, la remise en eau d'un casier rizicole dont on constate bien l'importance alimentaire ; mais également l'installation d'un atelier pour les artisans et une aide à la fédération des agriculteurs locaux.

– Nous agissons également en direction d'un pays de l'Est, plus précisément Timisoara en Roumanie, où nous aidons cette ville au passage à l'économie de marché, pratiquons des échanges administratifs et techniques dans les domaines de la voirie, de l'assainissement, des systèmes d'informations géographiques, de l'action sociale, de la protection civile, et nous nous préoccupons de l'amélioration des conditions de l'enfance et de l'adolescence.

– Nous avons aussi une coopération avec l'Algérie pour la ville d'El-Kroub, où nous faisons de l'expertise et du conseil dans le domaine de l'eau et de l'assainissement, et une coopération en matière de propreté urbaine et, notamment, pour le ramassage des ordures ménagères.

Votre question porte également sur l'effet de serre. Pour cela, nous agissons sur deux leviers :

– les économies d'énergie avec l'action d'une agence locale pour la maîtrise de l'énergie (ALME) qui développe ses actions auprès des particuliers, des collectivités et des entreprises ;

– ainsi qu'au travers de grands projets municipaux et, par ailleurs, sur les modes de déplacements urbains avec la mise en place d'un transport public très performant, le tram-train, qui aura la capacité d'aller sur les voies SNCF en plus de ses propres rails.

En tant que président de l'Association des maires des grandes villes de France, quels sont les principaux problèmes auxquels sont confrontés les maires dans ce domaine ?

Le public, et spécialement les habitants des villes, sont assez bien conscients de ces problèmes globaux d'environnement, d'économie, de social. Cela se traduit clairement par la plupart des sondages, et donc ces thèmes font partie de leurs préoccupations principales.

Le devoir des maires de grandes villes est bien sûr de tenir compte de ces situations, sachant qu'ils sont en même temps bien conscients des difficultés qui existent dans ces trois domaines. Les attentes des gens sont légitimes ; une meilleure sécurité, un cadre de vie agréable, de l'emploi et la paix sociale. Cela paraît peut-être idyllique, mais c'est évidemment l'objet vers lequel toute ville doit tendre avec, si possible, au total, une bonne ambiance urbaine, des habitants qui sont satisfaits de vivre dans leur ville et aussi, indirectement, une bonne image de la ville vers l'extérieur.

Ceci n'est pas toujours facile, car les aspirations du public sont souvent contradictoires ; on peut opposer par exemple une montée de l'individualisme vis-à-vis de la solidarité, une impatience de plus en plus grande puisque tout doit arriver très vite, sans attendre, presque immédiatement. C'est un effet du développement et des techniques de communication et une évolution de la société en général, où tout doit être disponible aussitôt.

Le maire doit faire la synthèse de tout cela et, par un mode de gouvernance, partager, être bien à l'écoute des différentes générations, de ses différents quartiers, des associations et de ses services.

L'attente des gens est concrète et, même si le développement durable doit être l'une des pierres angulaires du développement des villes, il faut en faire mieux comprendre l'intérêt aux populations.

Ceci exige un grand effort de pédagogie et de clarté basé sur des opérations modèles ou pilotes.

En ce qui concerne les aménagements, il faut arriver à associer la qualité des espaces, la bonne accessibilité, la qualité des locaux ; c'est certes beaucoup d'exigence, et l'on peut considérer que le développement durable va apporter des exigences nouvelles, mais il est quelque part normal que l'habitat évolue, que les comportements évoluent, que les aménagements évoluent. L'essentiel est que nous connaissions bien la direction dans laquelle nous devons les faire évoluer. L'un des outils très techniques est l'intégration des éléments du développement durable dans les procédures de marchés publics, dans les projets d'aménagement et leur cahier des charges, et aussi dans les politiques d'achats des collectivités.

Je crois que la municipalité doit, dans ce domaine, donner l'exemple et souvent revoir ses procédures en fonction. Elle ne peut pas prôner le développement durable sans le pratiquer en interne. Au-delà de cela, il est vrai que l'on peut peut-être faire ressortir les principaux problèmes de ville d'aujourd'hui clairement :

1. l'insécurité et le respect des autres ;

2. la lutte contre l'exclusion et les efforts d'intégration, – ces deux points aboutissant à une qualité sociale de la ville ;

3. ensuite, les questions de déplacements, avec l'engorgement des grandes villes et les nuisances que sont la pollution de l'air et le bruit ;

4. et enfin, je dirai le développement économique qui doit toujours être soutenu pour maintenir un niveau d'emploi conséquent, tout en incitant le monde de l'entreprise au respect de l'environnement et à des aménagements bien insérés sur le plan paysager.

On assiste clairement, au niveau général, à une urbanisation, donc à un afflux de gens dans les villes qui deviennent peu à peu des mégapoles.

Faut-il encourager ce phénomène ou pourra-t-on le contrecarrer ? C'est la question d'un équilibre entre les pôles urbains, de manière à avoir des villes de taille acceptable, voire conséquente, mais qui n'atteignent pas une telle importance qu'elles pourraient devenir ingérables à partir d'un certain seuil.

La réflexion doit porter sur les phénomènes de centralisation et sur l'importance à donner aux villes moyennes, c'est-à-dire la répartition des fonctions sur le territoire. Les moyens modernes de communication permettent à ce titre de faire des choix plus ouverts qu'autrefois et d'accorder à des villes moyennes des compétences supérieures, sans que cela puisse être une difficulté.

Quel rôle les maires peuvent-ils jouer à leur échelle en matière de développement durable ?

Votre question rejoint complètement les motivations de ma présence au Sommet de Johannesburg. En effet, en matière de développement durable et au niveau planétaire, on a trop l'habitude de ne parler que des gouvernements, des ONG et des experts scientifiques.

Il ne faut pas oublier le rôle capital que les zones urbaines jouent et pourront jouer à l'avenir en matière de développement durable, car ce sont les collectivités locales qui ont la tâche opérationnelle d'aménager le territoire et les villes dans l'esprit du développement durable, et j'ajouterai au contact des populations.

Certes, les États ont un rôle important à jouer, mais ils sont globalement plus loin des réalités quotidiennes qui sont attendues par le public. Les leviers existants pour l'action des villes sont très nombreux : la qualité de l'eau, en partie celle de l'air, les déplacements, la rénovation de l'habitat, les équilibres sociaux et tout ce qui contribue à l'ambiance urbaine. Tout cela constitue un lot très important d'opérations durables qui comportent aussi leur part de pédagogie.

C'est d'ailleurs l'un des points que j'ai évoqués récemment lors de la séance plénière d'ouverture du « Sommet mondial des pouvoirs locaux sur l'eau » à Kyoto/Osaka. Les collectivités locales, de par leur légitimité démocratique et leur implication sur le terrain, ont un rôle primordial dans la politique d'accès à l'eau et d'assainissement. Il est nécessaire que les pouvoirs locaux aient la possibilité de choisir leur mode de gestion et que ce choix soit réversible. S'ils choisissent un partenaire privé, la transparence dans les relations doit être de mise. En outre, le contrôle, par les acteurs locaux, du respect des orientations adoptées doit être encouragé.

Je considère que démontrer les choses par le concret est tout aussi important que de travailler à l'aide de réflexions sur la manière de procéder, sur les nouvelles techniques, etc. Le développement durable ne sera lui-même durable que s'il est approprié au niveau des habitants. C'est une conviction personnelle. Il faut que l'évolution de la ville soit accompagnée par celle du citadin lui-même que l'on doit informer et sensibiliser à toutes ces questions.

Les réseaux de villes qui se mettent en place constituent ainsi des organes très puissants qui peuvent infléchir notablement les choses par l'avance des bonnes pratiques, par la correcte orientation des investissements, etc. Donc, pour moi, le milieu urbain est incontournable en matière de développement durable.

J'ajouterai que la ville est le lieu où se confrontent des personnes de différentes origines. Elle doit être l'occasion de porter le message du respect des différences et, là aussi, elles peuvent avoir une responsabilité et une action contre les phénomènes d'intolérance. Pour moi, cela fait partie de la philosophie du développement durable et c'est tout aussi important que les aménagements concrets que l'on peut faire.

GÉRARD COLLOMB

Maire de Lyon

LE PRINCIPE DE SOLIDARITÉ

Quelle est votre définition du développement durable?

C'est de faire en sorte qu'on puisse, suivant le mot de Saint-Exupéry, laisser à nos enfants un monde de qualité. On s'aperçoit aujourd'hui que nous vivons dans un monde fini. Pendant très long-temps l'homme a cru qu'il conquérait un monde qui s'ouvrait sans cesse devant lui, et donc qu'il n'avait pas besoin de faire attention à la protection des ressources naturelles. Aujourd'hui, nous avons repoussé tellement loin notre horizon que non seulement nous occupons toute la planète, mais elle dépend désormais entièrement de nous. Et donc nous avons à appliquer le devoir de précaution. Je pense aussi que les objectifs du développement durable, satisfaisant les besoins de chaque génération, à commencer par ceux actuels des plus démunis, sans compromettre la capacité des générations futu-res à satisfaire les leurs, à condition d'être expliqués et débattus démocratiquement, peut mobiliser tout un chacun après ce qu'on a appelé la fin des idéologies qui a suivi la chute du mur de Berlin. Il ne s'agit plus de faire la preuve de la supériorité d'un modèle sur l'autre, mais bien d'imaginer ensemble un avenir à chaque commu-nauté humaine sur notre planète, en la défendant et en nous défen-dant contre nous-mêmes et nos excès. Si, dans un premier temps, l'humanité s'est développée en dominant la nature, elle ne pourra, vu la pression démographique et la consommation actuelle des res-sources non renouvelables, survivre qu'en la respectant. Il s'agit de nous mobiliser au service d'une idée qui redonne du sens à l'aven-ture humaine: mettre raisonnablement les ressources, surtout renouvelables, de notre planète au service de tous les habitants, ce qui nécessite de l'aménager en étant conscients de la nécessité de la ménager.

Ça veut dire quoi, pour une ville importante comme Lyon, un bon développement durable ?

C'est, premièrement, une métropole équilibrée sur le plan humain. Donc, faire en sorte qu'il n'y ait pas une coupure dans l'agglomération, entre la ville, je dirais riche, qui se développe, qui bouge, qui va de l'avant, et une ville qui serait en marge, qui serait la ville de la récession, et, si on n'y prenait pas garde, demain la ville de la sécession. Et rien ne serait pire qu'une fraction de la population puisse se sentir totalement marginalisée au point de faire sécession avec le reste de la société. Pour nous, c'est un axe de travail important qui passe par des opérations de logement social dans le cœur de l'agglomération notamment. Ainsi dans Lyon intra muros on a plus que doublé la production de logements sociaux en deux ans. Ça vous donne une idée de l'effort. Quant à la première couronne Est de l'agglomération lyonnaise, qui est en train de s'affaisser, y compris démographiquement car elle a perdu 7 à 8 % de ses habitants en l'espace d'une dizaine d'années, nous sommes en train d'y développer des actions de revitalisation autour des transports en commun et de la relance de l'activité économique. Je pense sincèrement que ça peut tirer les quartiers vers le haut et ainsi attirer de nouvelles franges de population, ce qui assurera une meilleure mixité sociale.

Le développement durable, plus largement, c'est faire en sorte que dans notre agglomération, dans 15-20 ans, il puisse faire bon vivre. Une agglomération qui ne sera pas asphyxiée par la voiture, où les pollutions industrielles seront en grande partie maîtrisées, où on disposera d'une eau de qualité, où les femmes, les hommes et les enfants pourront profiter de grands espaces publics, où la nature sera encore plus présente dans la ville et où nos fleuves et nos collines, fondements de notre identité, auront retrouvé toute leur place. Tout ceci est en cours. Par exemple, autour de cette thématique « nature et fleuves », nous construisons sur les berges du Rhône 5 km d'aménagements paysagers qui vont relier le parc ancien de la Tête-d'Or, emblématique pour les Lyonnais, au nouveau parc de Gerland. La reconquête d'espaces publics le long des fleuves, pour les piétons, les cyclistes, les rollers et les personnes à mobilité réduite concrétisera de façon exemplaire l'ensemble des actions que nous mettons en œuvre pour une qualité de vie améliorée. Voilà ce qu'est, pour nous, le développement durable.

Lyon classée patrimoine de l'humanité par l'Unesco... Cela vous donne-t-il une responsabilité supplémentaire?

Bien sûr. La ville s'est construite pendant 2 000 ans sur le même site, sans jamais devenir une ville musée parce qu'elle a su faire évoluer constamment ses fonctions de centralité tout en préservant l'essentiel. Cette continuité, vous pouvez la suivre dans la ville elle-même. Quand vous vous promenez de l'amphithéâtre gallo-romain, en passant par les bâtiments du xve, du xvie siècle dans le vieux Lyon, avec ses palais construits par les marchands et banquiers italiens qui commerçaient sur la route de la soie, les immeubles de Soufflot, du xviiie siècle, vous passez ainsi graduellement du patrimoine le plus ancien jusqu'au patrimoine le plus contemporain incarné par Renzo Piano et notre nouvelle salle du Palais des congrès, à la Cité internationale, qui est aussi un amphithéâtre. De l'amphithéâtre des Gaules au nouvel amphithéâtre de la cité internationale, réalisé par un Italien, la boucle est bouclée.

Pensez-vous que les maires des grandes villes peuvent jouer un rôle important dans l'application du développement durable?

J'étais à Johannesburg et j'avais organisé avant ce sommet, avec les Nations unies, les entreprises, les ONG, les scientifiques, à Lyon, un pré-congrès des maires. Nous avions réuni des élus de la planète entière, y compris de Shangaï qui, maintenant, commence à découvrir le développement durable. Je crois qu'il y a effectivement une espèce de réseau international des maires pour le développement durable qui est en train de se constituer. Un réseau d'échanges sur nos modes de développement et sur la façon dont nous intégrons dans nos pratiques et actions quotidiennes les questions énergétiques, de transports, de hautes qualités environnementales. Nous sommes aussi très proches des villes des pays en développement et de leurs principales préoccupations : énergie, eau, ramassage et traitement des déchets.

Comment faire passer ce message auprès de vos administrés, de vos citoyens ?

Si vous dites développement durable comme ça, je ne suis pas sûr que cela soit bien compris. Par contre, si vous abordez les aspects très concrets du développement durable, alors vous êtes tout de suite entendu. Par exemple, une des préoccupations fondamentales de nos concitoyens, c'est la dégradation de la qualité de l'air et la croissance de la pollution atmosphérique. Je crois qu'aujourd'hui se développe de plus en plus une prise de conscience des lacunes du modèle de développement issu de cette société industrielle des XIXe et XXe siècles.

C'est vrai pour nos concitoyens. C'est vrai aussi par exemple pour les entrepreneurs. Il y a encore 5 ou 6 ans, si vous parliez développement durable, écologie, les chefs d'entreprise vous disaient : « Ce sont des idées marginales et ce sont des coûts supplémentaires pour nos sociétés. » Aujourd'hui, ils intègrent totalement ces enjeux. Ils ont compris que c'est devenu une nécessité s'ils veulent s'adapter à l'évolution de la société moderne, et en même temps ils voient très bien que c'est une formidable opportunité de développement. Aujourd'hui, 700 entreprises de l'agglomération lyonnaise travaillent dans le domaine de l'éco-développement et de l'énergie. Il s'agit maintenant d'un des secteurs d'excellence de l'agglomération, d'une véritable force de frappe économique s'appuyant sur les grandes écoles et les centres de recherche.

Quand vous avez décidé la réalisation du tram dans votre ville, vous êtes-vous dit que vous alliez à l'encontre de l'avis majoritaire de votre population, et qu'en est-il aujourd'hui ?

Je pense qu'aujourd'hui tous nos visiteurs voient dans le tram une réussite esthétique, mais aussi un outil de renouvellement urbain et de développement économique. C'est pourquoi nous développons 4 autres lignes, dont une spécialement dédiée à la desserte de notre aéroport. Nous avons une politique très forte en matière de transports en commun. C'est un choix volontariste de ma part afin d'offrir une véritable alternative à l'automobile.

Le développement durable, c'est aussi la mixité sociale. Vous avez quelques quartiers en périphérie un peu difficiles. Pensez-vous que le développement durable peut être aussi un facteur d'intégration sociale ?

Oui. On va s'appuyer sur un nouveau développement économique pour faire en sorte qu'il y ait une plus grande vitalité dans ces quartiers. On essaie de jouer sur leurs points forts, et les transports en commun peuvent nous aider à développer une nouvelle dynamique. Il faut requalifier les anciennes friches industrielles, requalifier l'espace urbain, en en faisant un territoire à nouveau attractif, et nous espérons que cela va nous permettre d'avoir un effet de contagion afin de changer complètement la nature de ces quartiers. Ça, c'est un premier axe.

Deuxième axe : il s'agit d'un exemple concret : entre Vénissieux et Saint-Priest, il y avait les usines de Renault véhicules industriels, aujourd'hui Renault trucks : ils disposent là de 100 ha d'un seul tenant assez bien situé. Nous allons lancer de grandes opérations de reconquête, en misant à nouveau sur la qualité des espaces urbains. Prenez la Duchère, qui est un quartier qui domine Lyon, comme la Croix Rousse et Fourvière, aujourd'hui c'est un quartier qui a de grandes difficultés ; eh bien, là encore, nous allons miser sur la qualité des lieux pour reconquérir ce quartier. Ce dont je suis très fier, c'est que nous avons réussi à convaincre maintenant les promoteurs immobiliers privés de réaliser deux tiers de logements pour leur propre compte, mais aussi un tiers de logements sociaux en coopération avec un office HLM. On arrive depuis deux ans à faire évoluer les mentalités et à montrer que l'on peut vivre dans une mixité sociale forte.

Vous avez une forte concentration de laboratoires de recherche, d'entreprises réputées dans le secteur de la médecine ; allez-vous persévérer et donner une image forte « ville-santé » à Lyon ?

Bien sûr, les biotechnologies constituent un axe fort et prometteur du développement de Lyon. Nous avons les plus grands groupes, tels que Mérieux, Aventis, Pasteur, Boiron, qui travaillent dans ce domaine, sans oublier de nombreuses start-up. Nous sommes en train de développer trois zones, une à Gerland, le boulevard urbain scientifique, une autre dédiée aux pépinières d'entreprises, qui s'appellera Bioparc, à proximité de notre université de médecine, de l'hôpital Édouard-Herriot, du centre anti-cancéreux Léon-Bérard et du centre international de recherche sur le cancer, et enfin une troisième dédiée aux grandes entreprises, le parc technologique de la Porte-des-Alpes, dans un environnement de très grande qualité, avec des lacs, des plans d'eau, des arbres, etc.

Revenons un peu aux transports. Où en êtes-vous de votre Plan de déplacement urbain ?

Nous venons de lancer l'actualisation du plan de déplacement urbain (PDU). La nouvelle problématique est d'organiser l'agglomération lyonnaise de telle sorte qu'on puisse effectivement laisser les voitures aux portes de la ville. Donc, c'est tout le problème de la desserte. Le PDU approuvé en 1997 était très centré sur la desserte de Lyon intra muros. Nous sommes passés dans ce mandat à la desserte de la première couronne de l'agglomération lyonnaise. Et aujourd'hui l'actualisation du PDU va largement prendre en compte la desserte de la deuxième couronne. Comment faire en sorte d'éviter l'étalement urbain de manière à ce qu'on ne reproduise pas le schéma de la région parisienne qui s'étend à perte de vue ? Comment garder des zones vertes entre la première couronne et la deuxième ? Ce sont des nouveaux enjeux auxquels nous devons répondre.

L'actualisation du PDU va également permettre de mieux prendre en compte les modes doux. Je souhaite notamment créer une armature forte pour les deux-roues dans la partie centrale de l'agglomération. Le réaménagement des berges du Rhône en constituera un des éléments phares.

Si vous me permettez, je rebondis sur un des problèmes que vous soulevez, celui du fonctionnement de la ville. Premièrement, il dépend de notre capacité à convaincre nos concitoyens de la cohérence et de la nécessité de notre action. Nous avons lancé une campagne de sensibilisation sur les problèmes de stationnement sauvage, donc d'incivisme. Cette campagne est basée sur l'image d'un rhinocéros posé sur un passage clouté, pour bien montrer que c'est une attitude antédiluvienne, qui ne convient plus à une ville moderne. Autre problème, celui des livraisons en ville. La question qui se pose est de savoir comment mettre en place un système logistique cohérent avec autour de la ville des plates-formes d'éclatement et un vaste réseau de petits camions de livraison pour pouvoir desservir l'ensemble des commerçants avec le moins de nuisances possibles. Pour cela, on vient de mettre en place à la communauté urbaine un bureau des Temps qui réfléchit à l'articulation des temps sur un territoire donné avec tous les partenaires concernés (le 7e arrondissement est le site pilote en Europe).

Et l'aspect financier, dans tout ça ? Les outils économiques dont vous disposez vont-ils dans le sens d'un bon développement durable ?

Je dirais que, aujourd'hui, un des points les plus difficiles est que la moitié de nos dotations viennent de l'État et donc qu'une part de notre budget n'est pas dépendant de nous. Sinon, je trouve la situation tout à fait satisfaisante. On vient de passer en taxe professionnelle deux zones, il faudra faire une évaluation dans un an pour avoir un plus grand recul. Par ailleurs, on peut dire que le système de péréquation entre les villes fonctionne plutôt bien. Pour le reste je crois sincèrement que la volonté politique peut transformer une ville. Je suis peut-être encore idéaliste, mais je pense que rien n'est irréversible, qu'on peut agir de manière très volontariste pour éviter la ségrégation, la pollution, les risques écologiques, et que dans 10 ans, 15 ans, nos villes auront totalement changé, elles auront gagné en qualité. Je suis persuadé que le développement durable va intégralement modifier l'organisation de nos villes.

Pour finir sur les rapports Nord-Sud, une ville comme Lyon peut-elle aider les peuples du Sud à se développer dans le cadre du développement durable ?

Bien sûr. On le fait beaucoup. On vient de renégocier avec nos grands groupes concessionnaires le prix de l'eau à Lyon. On a baissé ce prix de 10 %. Dans le cadre de ces négociations, nous avons fait un partenariat spécial mentionnant que, pour chaque mètre cube consommé dans l'agglomération, les groupes en question verseraient trois centimes, de même pour les collectivités, afin de financer des projets de développement durable sur l'eau dans ces pays. Voilà un premier exemple de coopération entreprises-collectivités sur ce genre de problèmes.

On a toute une série de coopérations avec les pays du Sud. Par exemple, après la guerre du Liban, la ville de Lyon a fait une très belle opération avec des entreprises françaises, en collaboration avec l'office marocain des eaux, pour remettre tout le système d'eau de Beyrouth à flot et former les techniciens. Aujourd'hui, nous accompagnons Ouagadougou dans la mise en place de la gestion des ordures. Nous avons envoyé du matériel, des camions, des techniciens, et nous sommes en train de mettre en place avec eux une école de formation aux métiers du développement durable pour les cadres locaux, qui je l'espère va diffuser dans toute l'Afrique de l'Ouest. Nous avons ainsi, à travers le monde, au moins une quinzaine de coopérations décentralisées, sous forme de transfert de savoir-faire ou d'échange de savoir-faire. Je viens de recevoir le maire de Kaboul, il y a peu de temps, et nous allons l'aider à mettre en place le système de ramassage des déchets dans sa ville. C'est cela la solidarité Nord-Sud et le vrai développement durable.

Je voudrais terminer sur un point qui me tient particulièrement à cœur et que j'ai déjà eu l'occasion d'évoquer au Sommet pour la Terre de Johannesburg. Nous sommes passés d'une époque où l'homme avait à décrypter le monde pour s'en assurer la maîtrise à une époque où l'homme sait qu'il peut ébranler irréversiblement l'équilibre de la planète, ce qui lui donne la responsabilité d'en assurer la pérennité. D'où l'apparition du principe de responsabilité qui nous impose de réévaluer nos actions par rapport à leurs conséquences sur le lointain dans l'espace et le long terme dans le temps. C'est ce à quoi nous invite Hans Jonas, renouant ainsi avec cette prudence, cette sagesse pratique, cette phronésis déjà définie par Aristote dans l'*Éthique à Nicomaque*. Car c'est bien aujourd'hui d'une nouvelle éthique qu'il s'agit, une éthique qui doit amener chacun des décideurs à évaluer ses décisions à l'échelle des répercussions qu'elles peuvent entraîner pour l'ensemble de la planète.

MICHEL DESTOT

Maire de Grenoble

« L'UNIVERSEL, C'EST LE LOCAL SANS LES MURS »

Quelle est votre définition du développement durable ?

C'est de pouvoir concilier le développement économique, la solidarité sociale et la protection de l'environnement. La ville de Grenoble est bien connue pour ses utopies... M. Dubedout avait marqué très fortement l'utopie de démocratie participative. Je suis complètement persuadé qu'il n'y aura pas de ville digne de ce nom dans le futur sans une capacité d'attraction supérieure à ce qu'elle est aujourd'hui. Contrairement à des idées reçues, il n'y a pas d'avenir sur le plan économique pour une ville sans une qualité d'attraction en matière environnementale et de qualité de vie.

Donc la politique de développement durable est au cœur de nos politiques publiques. De fait, cette notion est présente dans de nombreux domaines de l'action municipale : les déplacements, la solidarité, le logement, la requalification des quartiers, l'économie et l'emploi et bien sûr l'environnement. Nous ne réduisons pas le développement durable à sa seule définition environnementale ; c'est une priorité transversale de notre action municipale.

Aujourd'hui, Grenoble bénéficie, peut-être plus que d'autres agglomérations françaises, d'implantations industrielles étrangères. Beaucoup, notamment, autour des technologies, autour du pôle de la micro-technologie, avec notamment Philips le néerlandais et Motorola venu des États-Unis, implantations pouvant développer des milliers d'emplois. Comme nous raisonnons non pas simplement à un an ou deux ans, mais sur dix ans, vingt ans, pour les générations à venir, c'est une obligation pour nous d'avoir une protection importante de l'environnement, une qualité de la vie, la

113

qualité de la vie étant de pouvoir se déplacer, se cultiver, s'éduquer dans de bonnes conditions.

Quand on regarde réellement les critères qui ont permis justement l'implantation de l'entreprise Motorola à Grenoble, il y avait ceux de l'excellence de la recherche, de nos universités... : il y avait aussi le fait que nous avions décidé de construire une cité internationale, un lycée et un collège dans lesquels les enfants qui résident sur Grenoble, qu'ils soient d'origine française ou étrangère, puissent suivre leur scolarité en français, en anglais, en allemand, en italien, en espagnol, mais aussi en arabe, en portugais.

Mais il ne fallait pas que cet élément décisif culturel soit contrecarré par une augmentation du trafic automobile liée à l'augmentation du développement économique, engendrant des contraintes, des nuisances supplémentaires qui seraient contre-réactives. D'où la nécessité pour nous d'être plus vertueux sur le plan du déplacement urbain qui est, aujourd'hui, la plus grande préoccupation pour l'agglomération grenobloise.

Justement, quelle est votre politique en matière de transports ?

Ça peut paraître paradoxal, mais il est nécessaire pour Grenoble d'être plus vertueux qu'ailleurs. Pourquoi ? Il y a tout d'abord l'aspect géographique, car nous sommes au fond d'une cuvette glacière, et donc la pollution est plus forte qu'ailleurs. Nous sommes également une des villes les plus denses de France, la troisième après Paris et Boulogne-Billancourt, et à Grenoble, malheureusement, les voieries sont étroites et il faut faire cohabiter l'ensemble des modes de déplacement. C'est plus difficile qu'ailleurs. De plus, notre ville gagne sur le plan économique, avec un accroissement économique qui se traduit par un accroissement démographique, qui lui-même se traduit par un accroissement du trafic automobile. Donc nous devons être plus qu'ailleurs capables de créer des systèmes alternatifs pour les déplacements et nous devons tirer en avant les transports publics.

Nous avons essayé de développer différents modes de déplacements alternatifs pour atténuer l'impact de la voiture, et nous avons créé, depuis quelques années, 250 km de pistes cyclables. Il y a aussi

2 lignes de tramway, et une troisième ligne va être réalisée cette année, nous permettant d'avoir un réseau quadrillé pour l'ensemble de l'agglomération grenobloise. Et ce n'est pas simplement l'agglomération grenobloise qui est en cause, c'est aussi ce qu'on appelle le périurbain car il faut travailler en amont.

Que veut dire pour vous la mobilité durable ?

Il est très difficile de faire comprendre ce concept à nos concitoyens, qui sont encore « accros », malheureusement, à leur voiture. Un sondage réalisé pour le GART montrait que 75 % de nos concitoyens étaient encore plus attachés à leur voiture à cause du sentiment de liberté, d'indépendance, de facilité de locomotion, etc. et en même temps, ils étaient pourtant à 50 % favorables au développement des transports publics. Ce qui veut dire qu'il y a une réelle contradiction chez les citoyens.

Et, dans le contexte du développement durable, il y a deux concepts, celui de la mobilité dans le déplacement et celui du développement durable, qui me semblent positifs à faire comprendre. Au niveau de la mobilité, il est facile de démontrer qu'il n'y a pas de développement économique, de solidarité sociale, de protection de l'environnement, sans de véritables moyens permettant cette mobilité. Il y a trente ans, un Français moyen se déplaçait de 6 km par jour. Aujourd'hui, on en est à 30 km par jour, mais dans ces 30 km il y a évidemment l'ingénieur qui va aux États-Unis ou au Japon. Mais la sphère du déplacement a progressé. C'est une bonne chose, pour la culture, les loisirs, le travail, et le déplacement est une source de rencontres, d'épanouissement absolument indiscutables, et cette mobilité est à encourager.

Mais elle ne doit pas être contradictoire avec l'aspect social car, malheureusement, toutes les familles françaises n'ont pas une, deux ou trois voitures pour se déplacer. Il faut des transports publics, car sans transports collectifs des discriminations s'installent : il y a ceux qui ont les moyens de se déplacer, ne serait-ce que pour des raisons financières, et ceux qui n'en ont pas.

Donc le problème des transports collectifs publics est aussi social, et pas simplement économique ou environnemental. J'insiste beaucoup sur ce point-là. Notamment, on n'a pas été suffisamment attentifs aux quartiers excentrés... Quand vous regardez le quartier nord de Marseille, les quartiers ouest de Lyon ou de Paris, souvent ces quartiers sont très éloignés du centre-ville et les moyens de déplacement n'ont pas toujours été à la hauteur, mais les choses progressent grâce à l'implication des maires.

C'est une dimension sociale : je me permets d'insister lourdement sur cet aspect des choses qui me semble extrêmement important. Dans la requalification des quartiers, il faut absolument penser à ce problème de la politique du déplacement et à ce lien social : c'est véritablement peut-être le point le plus sensible sur lequel il nous faut porter toute notre attention. Il faut aussi protéger notre environnement, car c'est la qualité de la vie qui en dépend avec les répercussions sur la santé, l'embellissement de nos villes, en termes d'espace verts, de liberté pour l'ensemble des habitants, et il faut aussi une réflexion globale sur la durée. Durant les campagnes électorales, on pense trop souvent en termes très courts de rentabilité ; or il faut penser dans des termes beaucoup plus longs, aux générations futures, et c'est dans ce sens que toutes les grandes politiques demandent, on le sait bien, des investissements considérables devant être traités sur le long terme. Il faut une grande cohérence entre une politique de déplacements, d'aménagement de nos agglomérations, même si ça demande un effort important, et puis réfléchir sur le long terme. Car il est évident que nous ne pouvons engager ces sommes qu'avec une durée d'amortissement importante... On ne construit pas une ville pour 5 ans ou 10 ans, on construit une ville évidemment pour 30, 40 ou 50 ans... Et il faut reconnaître que dans les décennies passées il y a eu absence totale de réflexion sur la mixité sociale, l'aménagement du territoire, car il fallait résoudre en urgence le problème du logement, et on a fait l'impasse sur le développement durable. Et quand on fait l'impasse sur le développement durable, on fait aussi l'impasse sur la cohérence des choses.

Le développement durable est donc un facteur clé pour votre ville ?

C'est fondamental dans une ville où il n'y a pas, comme l'on dit, des ressources naturelles propres. Grenoble est une ville qui s'est beaucoup développée avec une croissance démographique extraordinaire, une ville de près de 400 000 habitants avec des immigrés du reste de la France et du reste du monde. C'est une ville cosmopolite. Je suis le seul maire de France qui peut dire qu'il est à la tête d'une ville cosmopolite, et la richesse de la ville ne vient pas seulement de la présence des entreprises américaines, allemandes, anglaises, c'est aussi le fait que la population est issue de tous les pays du monde. Il y a une variété et diversité de population qui est le commun dénominateur de cette richesse culturelle. C'est véritablement le moteur de son développement. Cette exigence culturelle et intellectuelle nous oblige à avoir une réponse en termes de qualité de la vie qui est notre bien le plus précieux, et ce n'est pas un hasard si de Grenoble sont sortis des concepts de développement social de quartier, de démocratie de proximité ou de démocratie participative, et que sortent aujourd'hui, à travers l'Agenda 21, les concepts de développement durable et de mobilité durable qui croisent les politiques de déplacement et les politiques de protection de l'environnement... avec le succès qu'on peut avoir en matière de déplacement.

La jeunesse de votre ville, grâce au pourcentage élevé d'étudiants, constitue-t-elle un point fort de votre politique en matière de développement durable ?

Bien sûr. Parce que c'est une exigence très forte, dans plusieurs domaines. J'ai parlé du domaine culturel, j'aurais pu parler aussi du domaine sportif. Grenoble est une ville jeune et sportive où on est obligé d'être éclectique et de pouvoir répondre à l'ensemble de la demande.

Même sur le plan culturel, il y a 27 festivals à Grenoble. On est obligé d'avoir une réponse plus universelle à cause de cette population cosmopolite de la ville, de cette jeunesse qui a une réelle exigence intellectuelle... il faut savoir que nous avons le taux le plus important d'étudiants ramené au nombre d'habitants, ce qui implique une exigence très forte qui a une conséquence sur le développement durable, car c'est une exigence liée au substantiel et au culturel. Un jeune qui veut s'épanouir a une exigence importante de protection de son environnement, qu'il soit culturel ou même sportif.

Pensez-vous que les maires de grandes villes ou de villes moyennes vont jouer un rôle important dans la mise en place d'une réelle politique de développement durable ?

Je crois d'ailleurs que ce qui vaut pour le développement durable vaut pour la construction de l'Europe. C'est un fait. Je ne crois plus que seuls les États-nations puissent être capables d'avoir de véritables politiques de développement à l'échelle d'un continent. On sait que justement, dans la lutte contre l'effet de serre, ce n'est pas simplement le local qui compte, mais des territoires beaucoup plus importants. Mais les élus locaux, qui sont en contact direct avec la population, peuvent porter ces revendications très citoyennes. Et je dis très souvent que la construction de l'Europe, une Europe d'ailleurs ouverte, ne peut se concevoir que si elle s'appuie aussi sur les réseaux des villes et des régions.

Je vais reprendre le problème des transports. Aujourd'hui, pratiquement tous les transports, en dehors de l'Île-de-France, sont décentralisés... Ce sont bien les collectivités locales, les régions, les départements, les villes qui sont les plus sensibles au développement des transports publics dans notre pays. Il faut véritablement inverser la mécanique et faire porter par les maires eux-mêmes cette politique liée au développement durable. D'autant que les plus vertueux, il faut bien le reconnaître, sont plutôt dans l'Europe du Nord, aujourd'hui, et que si nous voulons avoir une politique équilibrée il faut donner aussi à toutes les villes du Sud de réelles chances de développement, notamment grâce aux réseaux qu'on peut mettre en place sur l'Europe du Sud... avec Lyon, Marseille, Gênes, Turin, Barcelone, Lisbonne... on voudrait créer un réseau des villes méditerranéennes où les problèmes du développement durable pourraient être portés par les maires de ces villes.

Je voudrais insister sur un autre élément : la liaison entre la politique des transports et la politique énergétique. Chaque jour, des milliers de citoyens ont leur vie sacrifiée par le développement assez inquiétant du trafic automobile, ceux qui sont victimes à Chambéry, à Chamonix avec le tunnel du Mont-Blanc, ceux qui vivent dans la vallée de la Maurienne... Pouvez-vous expliquer au maire de Chamonix, qui a vécu le drame du tunnel du Mont-Blanc, qu'il peut attendre alors que 10 000 camions passent tous les jours dans cette ville ?... pouvez-vous expliquer aux habitants de la Maurienne, qui est l'une des plus belles vallées du monde, qui a déjà été complètement massacrée par l'industrie, qu'ils peuvent attendre face au trafic automobile ?... Je trouve que c'est fou ! Évidemment, au plan des infrastructures on peut toujours attendre, ce sera toujours trop cher, le ferroutage, par exemple. C'est pourquoi je crois véritablement que, pour inverser les tendances, il faut aller vers une véritable décentralisation. Il faut qu'elle soit politique et que les maires, les départements, les régions puissent avoir un poids décisif dans les grandes politiques de déplacement ou de politiques énergétiques...

Êtes-vous optimiste sur l'avenir des collectivités locales en matière de développement durable, sur l'avenir de la planète ?

Ce qui me rend optimiste, c'est que, indiscutablement, la volonté de citoyenneté se traduit un peu plus dans nos actes et dans ceux de nos concitoyens qui prennent le goût de l'engagement collectif. Face aux échecs des politiques internationales ou nationales, je crois qu'il y aura un repli, peut-être local, mais il ne faut pas que ce soit un repli avec une sorte de ghettoïsation. Je crois simplement à cette belle formule du poète portugais Torga qui disait que « l'universel était le local sans les murs ». C'est-à-dire qu'on doit pouvoir, pour répondre à votre question, viser à l'universel à partir justement du local.

Cela rejoint parfaitement le concept du développement durable : penser globalement, agir localement ?

Exactement. C'est dit avec des mots différents, mais c'est tout à fait la même chose. Et je pense que ça rejoint ce que je vous disais sur la citoyenneté. Parler de l'environnement, c'est bien. Mais s'il faut choisir, je préfère encore l'homme et la femme à la nature. Mais au fond, tout est lié.

PHILIPPE DOUSTE-BLAZY

Maire de Toulouse

Pourquoi avoir mis en place un Agenda 21 pour votre ville ?

L'agenda 21 est un guide de mise en œuvre du développement durable pour le XXIe siècle. Les nations qui se sont engagées pour sa mise en œuvre doivent donc s'appliquer au niveau national, régional et local. Notre volonté politique est claire, d'autant plus qu'après AZF, Toulouse doit devenir en France une ville exemplaire en matière de développement durable parce qu'il n'y a pas, il ne peut y avoir de développement durable sans protection contre les risques industriels.

Nous nous sommes donc engagés dans la mise en place de cet agenda 21 local. Mais la tâche est longue. Philosophiquement parlant, l'Agenda 21 est le cœur battant de nos politiques publiques. Matériellement il faut prendre le temps de le réaliser au mieux, c'est à dire complètement. Sachez toutefois que le chapitre 28 de l'Agenda 21 intitulé « Initiatives des collectivités locales à l'appui de l'Agenda » a retenu toute mon attention. Toulouse sera, je le répète, locomotive en ce domaine.

Quelle est votre définition du développement durable ?

Le développement durable est d'abord un développement qui répond aux besoins du présent sans compromettre la capacité des générations futures de répondre aux leurs. Il s'agit donc très concrètement de mettre en œuvre une éthique du risque. Elle n'est pas absolue ; elle a une limite : servir la vie. La morale du risque pour les édiles toulousains comme pour le Gouvernement est une morale de l'équilibre. le risque n'est plus seulement l'affaire des autres, c'est celui des élus, depuis le Maire jusqu'au Premier Ministre en passant par le personnel de l'Etat, de l'instituteur au Préfet. Le développement durable doit être la philosophie active de notre société du risque.

Le développement durable est né avec la démocratie du risque et la démocratie d'opinion. À la démocratie représentative avec ses parlements (européen, national, départemental et municipal) de traduire dans son éthique de gouvernance et dans sa pratique politique cette métamorphose ; celle qui fait du risque l'initiateur du développement durable mais aussi, comme le soulignèrent François Ewald et Denis Kessler, « une manière de penser la valeur des valeurs dans les domaines de la morale, de l'économie, de la protection sociale ou de l'environnement ». Assurer le développement durable c'est redonner souffle, optimisme, volontarisme et enthousiasme à notre démocratie politique.

Que pensez-vous de l'état de la planète et de son avenir ?

Depuis le XIXe siècle, l'être humain utilise de plus en plus technologiquement la biosphère grâce à l'agriculture, l'industrialisation et l'urbanisation. Le développement technique a induit des progrès dans l'amélioration de la vie matérielle comme de la santé. Mais il est aussi porteur d'éléments négatifs destructeurs d'écosystèmes, générant des pollutions industrielles et agricoles, la production de matières pouvant se révéler dangereuses, l'épuisement des ressources naturelles, la modification génétique d'espèces animales, la couche d'ozone, la disparition de la diversité biologique dans certains sites. Les questions éthiques – au cœur de la politique, de la philosophie et de la pratique du développement durable – s'élargissant donc aux conditions de survie de la planète, à la place, à toute la place, de l'être humain dans la nature, à la distribution et à la redistribution équitable des richesses, aux conditions du bien-être de l'humanité, à la responsabilité personnelle et collective envers les générations futures.

C'est pourquoi l'écologie tout comme le développement durable sont des partenaires essentiels de la réflexion éthique mais aussi politique. Notre société du risque a besoin de ces deux types de réflexion qui sont celles, très complémentaires, de la pensée et de l'action. Il faut pour cela ce que le Professeur Marie-Hélène Parizeau appelle des « avenues normatives pour résoudre le problème » : parmi ces avenues les critères proposés par la Convention de Rio sur la protection de la biodiversité et l'Action 21 sur le développement durable de Rio de Janeiro il y a onze ans en 1992.

Je souhaiterais voir appliqués – au niveau des villes, au niveau local, comme au niveau national et international – trois principes : le principe *responsabilité*, le principe *précaution*, et le principe *expérience*.

Nous devons le « Principe responsabilité » au philosophe allemand Hans Jonas selon lequel l'homme porte une responsabilité qui s'étend aux générations futures. La responsabilité étant alors définie comme étant celle des êtres humains, guidée par la prudence dans les choix et l'anticipation des conséquences.

Le deuxième principe, désormais connu de tous, est le Principe de précaution, né de la loi Barnier en 1995. C'est un principe selon lequel « l'absence de certitudes, compte tenu des connaissances scientifiques et techniques du moment, ne doit pas retarder l'adoption de mesures effectives et proportionnées visant à prévenir un risque de dommages graves et irréversibles à l'environnement à un coût économiquement acceptable ».

Le principe expérience doit être au cœur de notre engagement pour le développement durable. Il doit nous permettre, avec les deux principes précédents, de concilier développement et sécurité, aspiration à un développement durable, risque du lendemain de catastrophes.

Je voudrais tenter de conclure en vous citant ce propos d'Albert Camus : « Chaque génération sans doute se croit vouée à refaire le monde. La mienne sait pourtant qu'elle ne le refera pas. Mais sa tâche est peut-être plus grande. Elle consiste à empêcher que le monde ne se défasse. » Grande et belle tâche en effet; mission urgente et salutaire à l'aube d'un siècle, le xxie, qui sera celui de l'innovation permanente et du développement durable. A défaut de quoi, comme le souligne le philosophe Alain Finkielkraut. « Le xxie siècle n'aura pas lieu. »

Pouvez-vous nous donner quelques exemples de développement durable en matière de transports, de gestion des déchets, de lutte contre les risques... dans votre ville ?

Nous avons créé des couloirs de bus réservés sur les avenues principales et développé le métro avec l'extension de la ligne A et la création de la ligne B puis la poursuite de la semi-piétonnisation du centre-ville. Nous avons aussi augmenté la capacité des parc-relais situés en terminus des lignes de métro. Objectif : 10 000 places en 2008. Enfin nous nous sommes engagés dans l'extension du réseau cyclable dans et autour de Toulouse.

Dans le domaine du traitement des déchets, nous avons mis en place la collecte sélective et créé un centre de tri d'une capacité de 20 000 tonnes par an avec valorisation des déchets par incinération grâce au CVDU (Centre de valorisation des déchets urbains) dont la capacité actuelle est de 250 000 tonnes. Chaque jour, 600 tonnes de déchets sont traités. Au Mirail, 10 000 logements et l'université sont alimentés en eau chaude grâce à ce procédé de valorisation thermique.

Pour la lutte contre le bruit, nous essayons de limiter les nuisances sonores dues aux avions : la ville de Toulouse, la CCI et l'État ont décidé de limiter les mouvements de nuit, d'interdire les vols d'entraînement à vue autour de l'aéroport et les essais de moteurs au sol pendant la nuit et, compte tenu de l'évolution du trafic aérien et des nuisances qui en découleront, la mairie de Toulouse souhaite la création d'un nouvel aéroport.

Quant à la protection contre les risques industriels, l'usine AZF est définitivement fermée, la SNPE ne fabrique et ne stocke plus de phosgène, et il y a eu la fermeture de Tolochimie qui utilisait du phosgène ; les terrains vont être dépollués, et de nouvelles activités industrielles non polluantes et non dangereuses pour la population y seront implantées, avec la modification du périmètre Seveso.

Qu'en est-il de la mixité sociale dans votre ville ?

Le renouvellement urbain à Toulouse bénéficie d'un très ambitieux programme qui va remodeler le visage des quartiers concernés par ce projet et les ouvrir sur la ville pour les réintégrer dans la dynamique urbaine. Reconstruction de tous les logements sociaux dont la démolition est programmée dans la cadre de ce programme, soit 1 805 logements en tout et cela concerne 50 000 Toulousains. Investissement total : 314 millions d'euros avec une participation de la mairie de 91,5 millions d'euros.

Toulouse est aussi ville pionnière en matière de démocratie de proximité, et elle est très en avance sur la loi du 27 février 2002. Les commissions consultatives sont constituées et se sont réunies pour élaborer les projets de quartiers. Avant fin 2003, chaque quartier devrait avoir mis en place son projet de quartier qui sera validé par le conseil municipal.

Nous avons aussi mis en œuvre un programme de coopération entre la ville de Toulouse et la ville de N'Djamena. Un plan d'action pour la gestion durable des déchets de la ville de N'Djamena a été mis en place. Objectifs : améliorer les techniques de collecte de déchets, mener des expérimentations de valorisation des déchets, favoriser l'implication des habitants (création d'emplois et aide à l'insertion des jeunes), faire prendre conscience de la fragilité de l'écosystème.

BRIGITTE FOURÉ

Maire d'Amiens

JOUER LE PASSÉ ET L'AVENIR

Votre politique en matière d'environnement et de développement durable est-elle portée uniquement par la ville ou par la métropole ?

C'est de la compétence non pas d'Amiens ville, mais de la métropole avec l'ensemble des communes, donc des 21 communes qui composent la métropole. Il s'agit véritablement d'un projet qui est porté non seulement par la ville-centre mais aussi par l'ensemble des communes. Et quand on parle des transports, de qualité de l'air, de la qualité de l'eau, de tous les sujets qui font l'environnement, ce sont des choses qui intéressent aussi les communes périphériques d'Amiens, parce que nous sommes une ville de 135 000 habitants, et avec les autres communes nous formons une communauté de 170 000 habitants.

Mais comment faire passer ce message de développement durable dans des zones, des quartiers aussi différents ?

Nous sommes une ville à mi-chemin entre Paris et Lille. On parle parfois d'Amiens ville bleue et verte : bleue pour le fleuve et verte pour le côté environnement, nature, jardins, fleurissement, etc. Donc on est convaincus depuis longtemps que, si on veut se démarquer des grosses métropoles comme Lille, Paris et toute la banlieue de l'Île-de-France, on ne peut s'en sortir qu'en mettant en avant nos propres atouts. Vous parliez des différents quartiers de notre ville. Je vous rappelle qu'on est une ville plutôt en termes de potentiel fiscal. Et néanmoins, on constate que, même dans les quartiers dits en difficulté, on a énormément d'espace disponibles. Donc là aussi on

127

essaie d'avoir une réflexion complète en termes d'urbanisme. Je dis urbanisme et pas seulement architecture, pour que véritablement on fasse en sorte que partout il y ait des endroits où les gens ont plaisir à se retrouver. C'est une préoccupation que l'on a depuis longtemps, et qui, du coup, est partagée massivement par les habitants.

Dans le premier mandat, de 1989 à 1995, on a eu le parc Saint-Pierre : c'était l'un des grands projets de l'équipe municipale avec 15 ha de parc urbain à proximité du centre-ville. Ensuite, on a eu d'autres projets. Maintenant, on a celui du parc du Grand Marais qui, là aussi, avec une connotation différente puisqu'elle est plus sportive, tient compte des atouts de notre ville qui a été construite sur le fleuve, sur la Somme. Amiens, ça s'appelait Samarobriva à l'origine, le pont sur la Somme.

L'eau, qui parfois nous joue des tours en période d'inondation, est quand même un atout fondamental pour nous. L'eau, c'est la vie.

Vous insistez positivement sur l'environnement, les espaces verts, et vous avez aussi un taux relativement important de chômeurs, d'immigrés : l'atout « développement durable » peut-il être facteur d'intégration sociale ?

Je pense qu'on ne peut pas avoir ce discours, à l'égard des habitants qui ont des préoccupations existentielles de base, qu'en étant très concret. Il faut être très concret avec les habitants de notre ville, comme avec l'ensemble de nos concitoyens, quand on parle de politique de proximité, et ne pas avoir juste des grands discours.

Mais en revanche, dire : On va ensemble – parce qu'on s'appuie beaucoup sur toute la vie associative, sur les comités de quartier, etc. – penser notre ville, avec ses quartiers, avec leurs différences, pour faire en sorte qu'il y ait des lieux de vie, de rassemblement, avec du végétal, et qu'on ait des grandes avenues où la priorité est manifestement donnée aux piétons, au vélo, par rapport aux voitures, voilà ce qui parle aux gens.

Pouvez-vous me donner une définition concrète du développement durable ?

Pour moi, le développement durable, c'est trop conceptuel pour que je vous donne une définition. Je vous dirais plutôt comment je conçois la concrétisation du concept. C'est tout simplement faire en sorte que dans tous les quartiers les habitants se sentent dans une ville où il fait bon vivre. Où il fait bon vivre, ça veut tout dire : où il y a une mixité sociale, une mixité économique, où il y a des espaces de jeux, de sport, des espaces de culture, des espaces pour respirer, avec simplement des bancs, mais de jolis bancs, dans des endroits réputés en difficulté, peut-être même plus jolis que dans d'autres quartiers où, là, les habitants ont parfois un jardin, etc.

Pour moi, ce qui est important, c'est l'harmonie sociale : le fait que les habitants se sentent acteurs et qu'ils ne soient pas seulement habitants mais acteurs de leur ville, et pas simplement spectateurs. Autrement dit, si on leur présente un projet, aussi beau soit-il, et s'ils n'ont pas la possibilité de donner leur avis, d'être partie prenante, ce projet-là, même s'il est très beau, ne marchera pas.

On doit avoir une vision globale de notre ville. Parce que c'est, je crois, le rôle des élus, et c'est Gilles de Robien le premier qui a montré le chemin quelque part, en disant : « Voilà ce qu'on veut faire de notre ville. » Et ensuite, il y a la concrétisation, ou la déclinaison pratique, quartier par quartier, de manière différente, projet par projet.

Et à partir du moment où on a une vision globale de la ville, et où cette vision est affichée aussi – j'ai en tête que sur bon nombre de projets importants on essaie d'avoir une vision urbanistique et d'architecture globale : par exemple sur les quartiers nord, là où il y avait beaucoup de rénovations à faire, on a missionné depuis plusieurs années un architecte urbaniste et une paysagiste qui coordonnent tout ce qui se fait. Du coup, même comme lisibilité vis-à-vis des habitants, c'est extrêmement intéressant, parce que ça a été présenté sous la forme d'un plan, évidemment : voilà ce que pourraient être les quartiers nord à échéance de 10 ans, 20 ans, 30 ans, 40 ans, 50 ans... Et après, on focalise sur un projet. Et on dit : Ce projet-là, voilà où on en est. On en discute avec les habitants, puis on le réalise. Et nous, cela nous oblige aussi à nous poser la question de la cohérence de la réflexion des projets.

Penser globalement, agir localement, telle est au fond votre action ?

C'est exactement ça.

Comment vous avez perçu le dernier Sommet de la Terre de Johannesburg, où les collectivités locales étaient très présentes ?

Personnellement, je pense que ça va exactement dans la même logique. Ce genre de sommet donne une sorte de direction pour la planète toute entière, dans laquelle il faut qu'on aille obligatoirement, pour pouvoir survivre à longue échéance, générations après générations, ça se décline bien entendu sur une échelle toute petite, toute petite comme la nôtre, la collectivité locale. 85 % de la population vivent en ville : donc c'est notre responsabilité en premier lieu de mettre en œuvre des directions qui sont quelque part logiquement prises au sommet. Ce qui me paraît important dans ces grands sommets, c'est que ça peut faire prendre conscience à un certain nombre d'habitants de la planète de choses qui, autrement, ne leur apparaîtrait pas aussi clairement. Si on ramène ça à des préoccupations quotidiennes et de proximité, là, ça devient plus concret, et ça me semble plus facile à adhérer pour la population. Je crois aussi que tous les acteurs, tous les médias qui tournent autour de ces sujets-là, doivent avoir un discours très pédagogique, et ce n'est pas le cas, actuellement.

Pensez-vous que les femmes ont une sensibilité plus importante vis-à-vis de ce concept de développement durable ?

Je ne sais pas si c'est la vision de la femme qui peut faire avancer davantage la question. Ce que je sais, c'est que la femme est par nature plus concrète que l'homme, sur bon nombre de sujets. On le voit parmi les élues locales. Quand on parle aux femmes de déchets ménagers, elles savent de quoi on parle. Quand on parle aux femmes de déplacements urbains, avec des poussettes, avec des fauteuils pour handicapés, elles savent de quoi on parle, parce qu'elles le vivent ou elles le voient vivre par leur voisine ou les membres de leur famille ou leurs amies. Donc, je pense qu'il y a un côté concret.

Mais, pour moi, on est évidemment complémentaires. La pensée globale est plus classiquement l'apanage des hommes, et la réalisation concrète plus classiquement l'apanage des femmes. Mais ça mérite plein nuances...

Que demandez-vous à l'État, aux banques, aux organismes financiers qui soutiennent vos projets ?

Tout d'abord, je dirais que nous comptons d'abord sur nous, et qu'ensuite nous espérons qu'en ayant une volonté forte dans ces domaines-là on saura entraîner les autres. Ça veut dire que, par exemple, sur la taxe d'enlèvement des ordures ménagères, on a pris des décisions fiscales qui ne sont pas toujours très agréables pour les Amiénois qui sont tous des contribuables. On a dû leur expliquer qu'aujourd'hui on ne pouvait pas entreposer, entasser les déchets, etc., que ça supposait beaucoup de travail pour faire en sorte d'extraire ce qui pouvait être extrait et converti, etc. On a d'autres exemples. Je vous parlais tout à l'heure du parc de Grand Marais sur lequel on est obligé – parce que c'est une ancienne décharge – d'investir 4 millions d'euros pour commencer à nettoyer le site avant de faire quelque chose. Donc, quelque part, notre génération doit d'abord payer le passif des générations qui nous ont précédés, avant d'envisager une remise à niveau. C'est donc compliqué sur le plan financier.

D'abord on essaie de se prendre en charge, on essaie de sensibiliser les habitants et on va leur demander de faire un effort en triant leurs déchets, mais en plus ils paieront plus cher ! Et ça, je vous assure que ce n'est pas facile ! de toute façon la vérité doit passer à un moment donné.

Mais que faire des quartiers pauvres où les gens ne peuvent pas payer plus cher ?

Bien sûr, puisque la taxe d'enlèvement des ordures ménagères n'est pas égale pour tout le monde. Donc il faut faire en sorte que ce soit supportable, y compris par les familles les plus en difficulté. Bien entendu, cela suppose aussi que nous ayons des aides aux différents niveaux ; nous sommes en contact régulièrement avec le conseil régional, par exemple. Nous avons su mobiliser aussi les fonds européens avec un programme de requalification d'une zone d'activité en plein centre-ville.

Êtes-vous optimiste à la fois sur l'avenir de votre ville en matière environnementale et de développement durable, et surtout en tant que femme sur l'avenir de la planète ?

Je vous dirais que, si je n'étais pas optimiste, je ne ferais pas de politique. Il y a dix ans, si on avait parlé du plan vélo à Amiens, on nous aurait ri au nez en disant : «Mais pour Amiens, ville d'eau, c'est ridicule de faire des pistes cyclables...» Ça a été le cas au début. Les premières qui ont été réalisées, on nous a ri au nez en disant : «Vous faites des pistes cyclables, mais il n'y a personne dessus.»

Un autre exemple. Lorsqu'on a voulu remettre l'université en centre-ville, on avait les facultés de droit et d'économie qui étaient à la périphérie sud de la ville. Elles ont été ramenées juste en dessous de la cathédrale, vraiment à côté. À l'époque où Gilles de Robien a eu cette idée de faire venir les étudiants plutôt en centre-ville qu'en périphérie, on nous a dit : «Jamais ça ne marchera, vous allez encombrer le centre-ville de voitures, où vont se garer les étudiants, et vous allez faire un parking en dessous, mais un parking payant, donc ça va être le bazar !» Ça n'a pas été du tout le bazar, parce que les gens sont plutôt intelligents.

Et qu'ont fait les étudiants, qui ne sont pas plus bêtes que les autres ? Eh bien ils se sont dit : puisqu'on a une fac en ville, on n'a pas besoin de prendre une voiture pour aller en ville. Donc, on laisse la voiture le lundi matin ou le dimanche soir, et on la reprend le vendredi soir pour rentrer dans la famille ou si possible on prend le train. Mais autrement, le reste du temps, on circule à pied, à vélo, en autobus... il y a des comportements qui évoluent vite.

Peut-on mesurer ce réseau, et qui l'utilise ?

Le plus simple pour le mesurer, c'est effectivement la location des vélos. Il y a maintenant 250 vélos qui sont loués régulièrement ; c'est évident qu'il y a des hauts et des bas, mais c'est beaucoup plus concret d'aller mesurer sur le terrain l'utilisation des pistes. On va faire une enquête pour voir si, effectivement, le taux des déplacements à vélo a augmenté ou pas, mais c'est quand même quelque chose de palpable.

L'autre exemple, c'est la Journée en ville sans ma voiture, le 22 septembre. Ce qui n'était pas évident, surtout dans une ville comme Amiens : il y avait tout juste la zone piétonne acceptée par la population, surtout du centre-ville et notamment les commerçants. Mais cette journée-là, quand on l'a préparée la première fois, tout le monde était quand même très, très inquiet de la réaction de la population. Et cela fait cinq ans que la population adhère. Je dis en fait que le plan vélo, pour nous, ce n'est pas une fin en soi. Ce qui est essentiel, c'est que l'ensemble des habitants de notre ville et de notre communauté d'agglomérations, et au-delà, prenne conscience que la voiture n'est pas le seul mode de déplacement. Autrement dit, le vélo c'est un mode de déplacement parmi d'autres.

C'est donc ce déclic-là qu'il faut qu'on essaie de générer... la marche à pied, le vélo, les transports en commun, qui sont très, très abordables même financièrement dans notre ville et dans notre communauté d'agglomérations. Et on a aussi essayé d'adopter, en même temps que le plan vélo, des modes de transport comme les bus doubles, sur certaines lignes, à certaines heures, et des minibus sur d'autres lignes à d'autres heures. On étudie aussi des couloirs réservés aux autobus, des modes de transport qui soient facilités dans tous les domaines, et pas seulement le vélo.

Quels sont les atouts fondamentaux de votre ville en matière de développement durable ?

Je dirais peut-être une ville à l'échelle humaine. Parce que pour nous, ce qui est important c'est l'humain. La ville, c'est d'abord le lieu où se rassemblent un certain nombre de personnes. Et on est encore une ville à taille humaine, avec tout ce que ça génère de contacts, qu'on essaie de développer aussi en termes d'urbanisme, en termes de plans de circulation. Dans une ville comme la nôtre, on a cette chance de pouvoir développer les comités de quartier, le milieu associatif... Il y a aussi notre situation géographique, qui est quand même un atout ; et quand un chef d'entreprise envisage de s'implanter en Europe et qu'il est à l'autre bout de la planète, il ne connaît pas plus Amiens qu'il ne connaît peut-être Lille, Nantes ou Bordeaux ; mais que va-t-il prendre en compte ? Il va regarder la situation par rapport aux infrastructures routières, autoroutières, ferroviaires, aéroportuaires, et il va regarder aussi le côté développement durable, notamment les structures universitaires, les grandes écoles qui sont dans la ville ou à proximité. Et là, je pense aussi qu'on a des atouts à jouer.

Nous, on essaie vraiment de jouer le passé et l'avenir. Notre passé est économiquement orienté vers les industries textiles, automobiles avec la zone industrielle. L'avenir c'est le développement de notre université, le développement des métiers du IIIᵉ millénaire, les nouvelles technologies, etc. Bref, un pied dans le passé et un pied dans l'avenir.

Alors, Amiens, laboratoire de démocratie locale participative ?

J'aimerais bien que ce ne soit pas laboratoire... parce que laboratoire, ça fait vraiment petit, petit. Un exemple parmi d'autres, en 1995, Gilles de Robien souhaitait qu'au lieu d'avoir un exécutif municipal à l'hôtel de ville, il y ait des adjoints de secteur qui soient implantés dans les quartiers. On a six adjoints de secteur aujourd'hui. Leur bureau est dans les différents quartiers et il est plus facile pour les comités de quartiers, pour les habitants de venir les voir. On n'est jamais assez près des gens. C'est très exigeant, mais c'est aussi très stimulant pour nous.

JEAN-CLAUDE GAUDIN

Maire de Marseille

LA QUALITÉ DE VIE PARTAGÉE

La ville de Marseille s'est-elle engagée dans la mise en place d'un Agenda 21 local ?

Bien sûr, nous nous sommes engagés dans un processus de réalisation d'un « Agenda 21 ». Je l'ai annoncé dans mon discours de mandat en conseil municipal le 25 juin 2001, en plaçant désormais l'ensemble de la politique municipale sous le signe du développement durable. Et pour rendre plus compréhensible le concept en révélant à la fois ses aspects concrets et ses dimensions humanistes, nous l'avons dénommé la « qualité de vie partagée ». C'est donc une « charte de la qualité de vie partagée » que nous allons élaborer.

Mais loin de moi l'idée de nous *précipiter* dans l'écriture de ce document général de planification qui rassemblera et mettra en cohérence l'ensemble des politiques municipales à partir d'une vaste concertation citoyenne : il faut s'y préparer. Et la première étape est une introspection : c'est l'ensemble des 12 000 fonctionnaires municipaux qui doivent être acquis à cette culture et adapter leurs modes de fonctionnement en conséquence.

C'est d'ailleurs là, sans doute, l'originalité de la démarche de Marseille que de placer comme préalable la mobilisation des agents autour du développement durable. En effet, on applique mieux, avec plus de conviction, des principes qui font partie de son quotidien, du management, des règles de fonctionnement, et il faut donc créer une parfaite cohérence entre l'action municipale envers les Marseillais, telle qu'elle est décidée par le conseil municipal, et le fonctionnement de son administration au quotidien.

Les principes de prévention, de globalité, de pluridisciplinarité

135

ne pourront s'appliquer que si l'administration se décloisonne, si l'information circule, si les responsabilités sont bien réparties : en un mot si chacun est en mesure de faire apporter par la ville, à tout instant, des réponses et des solutions aux questions qu'il peut se poser en sa qualité de citoyen dans l'accomplissement de ses missions professionnelles. Vigilance individuelle, réactivité de la hiérarchie et solidarité entre services permettront de résoudre les problèmes à la source, dans leur quadruple dimension environnementale, économique, sociale et culturelle, avant qu'ils ne nous échappent pour devenir des problèmes insolubles.

Quelle est votre définition du développement durable ?

Le développement durable est une nouvelle philosophie de l'action publique et de l'action citoyenne.

La définition officielle mêle une finalité : maintenir et partager la qualité de vie sur terre, et deux principes : la prise en compte équilibrée des préoccupations d'équité sociale, d'efficacité économique et de préservation de l'environnement, et la démocratisation des prises de décision pour impliquer davantage le citoyen dans l'action.

Je la compléterai par une *éthique* et par une *méthode*.

Tout le monde peut déclarer son envie de sauver la planète. Chacun n'agira concrètement que s'il adhère véritablement à la *générosité*, qui le poussera à la solidarité, au *respect* qui l'invitera à faire participer les autres, et à la *responsabilité* qui le conduira à l'anticipation, à la prévention, à la précaution.

Une méthode aussi, car ce fameux équilibre entre l'environnement, l'économique et le social, ne concerne pas seulement l'élaboration « technocratique » des politiques. Il doit être recherché par chacun, ici et maintenant. Quelles que soient sa place et sa fonction, chacun peut et doit prendre conscience de sa responsabilité et de son devoir de porter un *regard « panoramique »* sur tout ce qui entoure son action.

Le moindre de nos actes ou de nos messages, tout comme la plus structurée de nos politiques, comportent une dimension *humaine* et *sociale*, de reconnaissance de l'autre, ou de partage avec autrui, une dimension *économique*, en freinant ou facilitant le fonctionnement de nos organisations, une dimension *environnementale* par la gestion économe de nos ressources ou la protection du cadre de vie. Le développement durable, c'est se soucier en permanence de ces trois dimensions pour les prendre en compte *simultanément dans toutes nos actions*.

Car c'est en passant à côté d'une de ces dimensions que l'on commence à laisser germer une catastrophe écologique, un déséquilibre social ou économique.

Plus on pousse ce raisonnement dans le quotidien, plus on est frappé de sa pertinence.

Quelles sont les actions concrètes mises en place en matière de transport, d'énergie, de gestion des déchets, de l'eau, de lutte contre le bruit ?

La qualité de vie partagée, c'est avant tout le croisement des préoccupations, la mise en relation des thématiques. Il est donc difficile de séparer les logiques d'aménagement du territoire, de déplacements, de développement économique, et de lutte contre les pollutions. *Mixité urbaine* et *mixité sociale* sont deux mots clés qui nous permettront de susciter les synergies pour rebâtir une ville solidaire et économe. Beaucoup reste à faire, à Marseille comme ailleurs, pour cette nouvelle écriture des politiques urbaines...

Mais nous n'attendons pas pour conduire une politique de déplacements qui, autour de nos projets de tramway et de prolongement du métro, vont nous engager vers un grand retour des transports en commun comme alternative crédible à la voiture individuelle, et nous permettre de requalifier les espaces pour rendre la ville plus « vivable »... et par là même réduire les besoins de déplacements.

Cette politique des déplacements concourra à un plan local d'efficacité énergétique qui concernera aussi la gestion des bâtiments publics ainsi que l'information des habitants pour les inciter à rationaliser leurs propres pratiques énergétiques.

Elle aura bien sûr des effets bénéfiques sur la pollution atmosphérique.

Les nuisances sonores en ville relèvent d'une triple préoccupation :

– les bruits de voisinage : pour ceux-ci nous devons privilégier le traitement social, la médiation locale, avant d'avoir recours à la répression ;

– le bruit des transports routiers : la mise en souterrain et l'isolation phonique de certaines voies, le développement du tramway, vont déjà transformer le paysage sonore de notre ville ;

– le bruit des avions : depuis quatre ans, nous subissons le paradoxe incroyable d'une modernisation des équipements d'approche de l'aéroport de Marignane qui a entraîné le report sur la ville de trajectoires qui survolaient auparavant la mer ! Situation « non durable » par excellence que nous faisons comprendre aux autorités de l'aviation civile.

La gestion des déchets urbains est une préoccupation majeure. Il y a 120 ans, l'envoi par le train des déchets de Marseille dans la plaine de la Crau avait été salué comme une excellente idée : on ne les jetterait plus dans la mer ! Un siècle plus tard, nous avons hérité d'une nappe phréatique polluée et de nombreux autres désagréments en surface. Réhabiliter et fermer cette décharge a été pour moi une préoccupation constante depuis mon élection à la tête de la municipalité. La réhabilitation de la décharge est maintenant bien avancée, et sa fin de vie programmée et organisée. Dans cette plaine de la Crau nous laisserons juste aux générations futures une étrange colline de 30 mètres, inerte et verdoyante...

Des solutions de substitution doivent accompagner cette fermeture. Des solutions, car à la grande diversité de nos déchets doit correspondre tout un éventail de filières. Celles-ci nécessitent tout d'abord un *tri à la source* pour éviter des mélanges qui rendraient inopérants certains traitements ou valorisations.

Diverses collectes séparatives, en « porte à porte », en « apport volontaire », en déchetteries ménagères ou industrielles, sont mises en place et couvriront la totalité du territoire de la communauté urbaine Marseille Provence Métropole d'ici trois ans.

Tri, compostage, mise en décharge d'ultimes viendront compléter les chaînes de traitement : l'incinération sera réservée aux déchets à fort pouvoir calorifique qui n'auront pas pu trouver une autre forme de valorisation que la production de chaleur, et qui doivent représenter moins de 50 % au total.

Je ne reviendrai pas sur les raisons qui ont empêché le projet écologique d'installer un incinérateur ultra-moderne avec « cogénération » dans le périmètre de Marseille, au point de rassemblement des bennes à ordures, avec un raccordement direct au réseau public marseillais de distribution de vapeur dont il aurait assuré la pérennité... La communauté urbaine se soucie maintenant de trouver, à Fos, un espace industriel portuaire, facile d'accès depuis Marseille, où la vapeur trouvera des clients industriels.

La question de l'eau m'est posée aussi : l'eau douce, les eaux usées... et la mer.

L'eau potable distribuée à Marseille est réputée la meilleure de France, et notre distributeur se soucie de conserver cette position ! Notre réseau d'assainissement est performant et s'adapte désormais pour optimiser l'évacuation des eaux pluviales, en complément de l'aménagement de notre réseau hydrographique de surface (bassins de rétention et cours d'eau), car Marseille est, par son climat et sa topographie, sujette aux inondations : nous essayons d'en réduire la fréquence et la gravité, mais le combat est difficile avec l'accroissement des violences météorologiques que les scientifiques s'accordent désormais à attribuer au dérèglement climatique.

Un autre exemple de développement durable, ce sont les actions conduites pour favoriser le transport combiné et la livraison de marchandises en ville.

Alliant la route et le rail, le transport combiné permet de libérer la grande voirie en diminuant le flux des camions. La ville de Marseille travaille pleinement dans ce sens en misant sur l'extension du chantier du Canet (augmentation de 60 % des capacités d'accueil) et en œuvrant pour la réalisation d'un nouveau chantier à Mourepiane.

La facilitation de livraison des marchandises en ville, dans une politique d'organisation des flux logistiques de l'agglomération, est également un objectif de la ville. La réalisation passe par le renforcement de la zone arrière portuaire afin d'y favoriser l'accueil d'entreprises et d'activités logistiques.

Cette politique, qui contribue à conforter l'activité portuaire et donc conserve l'économie dans la ville, entre pleinement dans l'esprit d'une politique de développement durable.

Pour la protection de la mer, notre littoral sera désormais affranchi des pollutions terrestres (une station d'épuration biologique viendra bientôt compléter notre système de traitement des eaux usées, conformément à la réglementation européenne).

Le littoral qui borde notre ville sur plus de cinquante kilomètres, les calanques, les îles, en particulier l'archipel du Frioul, les espaces de baignade, les espaces dédiés au nautisme, au commerce et aux activités industrielles constituent un formidable atout pour Marseille. Nous avons en préparation un schéma de la mer et du littoral qui fera en sorte que la gestion de ces espaces maritimes et l'organisation des nombreux usages accompagnent durablement la recomposition urbaine et la relance économique de notre ville. Il s'agira de concilier la protection de ce bien précieux mais aussi de le valoriser dans l'esprit d'un développement maîtrisé des loisirs, du tourisme, de l'économie qui apporte une meilleure qualité de vie partagée entre l'ensemble des Marseillais.

La ville de Marseille s'engage-t-elle dans des actions de coopération Nord/Sud (sur l'eau notamment), et de lutte contre les menaces globales (effet de serre...) ?

La ville de Marseille est engagée dans de nombreuses actions de coopération avec ses partenaires du Bassin méditerranéen. Le 27 juin 1998, 15 grandes villes du pourtour méditerranéen ont signé, à Marseille, une déclaration commune de coopération dans les domaines de l'eau, de la santé et de la gestion des risques urbains, prenant ainsi en compte la dimension du développement durable.

C'est dans ce cadre que les coopérations avec les villes de Agadir, Alexandrie, Alger, Beyrouth, Casablanca, Haïfa, El Mina, Meknès, Marrakech, Rabat, Tirana, Tripoli et Tunis se sont développées, en coordination avec nos partenaires de la Charte d'alliance que sont Lyon, Gênes et Barcelone.

À la demande de nos partenaires et avec le soutien des grands réseaux de villes internationaux (FMCU, Eurocités, AIMF, AIVP...), ces coopérations ont été élargies à d'autres domaines d'intervention tels que la gouvernance urbaine, la protection du patrimoine ancien ainsi que la gestion environnementale. À titre d'exemple, un projet de coopération concernant la gestion environnementale de la ville nouvelle de Sidi Abdellah en Algérie (agglomération nouvelle d'Alger) sera prochainement mis en œuvre avec l'aide financière de l'Europe.

Ce programme de coopération environnementale portera principalement sur le tri sélectif des déchets, la gestion des eaux pluviales, le traitement des eaux usées, les économies d'énergie et les énergies renouvelables.

Enfin, la ville de Marseille entreprend un important programme de coopération portant sur la connaissance au service du développement au Moyen-Orient et en Afrique du Nord, en partenariat avec la Banque mondiale et l'Institut de la Méditerranée. Dans le prolongement du sommet de Johannesburg qui a mis l'accent sur la nécessité d'améliorer la qualité de vie de l'ensemble de la population mondiale, cette coopération témoigne de la volonté d'optimiser l'utilisation de la connaissance dans le processus de développement des pays de la région MENA en favorisant l'accès à l'éducation et à la formation avec l'aide des nouvelles technologies.

Que pensez-vous de l'état actuel de la planète ? Êtes-vous optimiste sur l'avenir environnemental ? Quelles sont ses grandes interrogations sur ces importants problèmes qui touchent l'avenir des générations futures ?...

Il n'y aura pas de développement durable sans paix. Il n'y aura pas non plus de paix sans développement durable. Réduire les inégalités, garantir l'accès aux « biens essentiels » que sont l'eau, l'énergie, la santé, corriger les effets de concentration des richesses et de paupérisation liés aux échanges internationaux, aider les États les plus pauvres à s'aligner sur les normes environnementales des pays riches sans qu'ils aient à y consacrer les fruits de leur croissance, favoriser l'émergence des démocraties... ces priorités planétaires relèvent principalement de la responsabilités des États, mais les villes, comme je viens de l'expliquer, au-delà de leurs missions locales, peuvent aussi contribuer, modestement, aux rééquilibrages Nord-Sud.

Faut-il être optimiste pour l'avenir de la planète ? Dans un sens oui, car des solutions existent et il ne faut jamais baisser les bras. Mais gardons-nous des illusions, et reprenons rapidement notre avenir en main. C'est en effet précisément parce que, souvent, plusieurs solutions paraissent exister à nos problèmes de société que la controverse nous empêche de faire des choix à temps.

La technologie, la « dématérialisation » de certains biens de consommation, les technologies propres, offrent des perspectives intéressantes mais nourrissent souvent des espoirs excessifs. À mon sens notre façon de vivre et nos modes de consommation vont devoir évoluer rapidement et profondément.

C'est pourquoi la « gouvernance » est à l'ordre du jour : informer l'ensemble des forces vives de notre société, permettre aux citoyens d'intervenir plus efficacement dans les choix publics pour qu'ils adhèrent davantage aux décisions prises, et qu'ils soient de véritables partenaires de l'action publique. On voit bien là revenir la nécessité de renforcer le lien social autour d'objectifs communs et de valeurs communes à réhabiliter dans nos cultures. Dans ce dispositif à long terme, les enfants d'aujourd'hui auront un rôle primordial : la ville de Marseille s'efforce d'éveiller leur conscience de citoyens à travers les nombreuses interventions pédagogiques.

EDMOND HERVÉ

Maire de Rennes

« Une volonté politique, une réalité quotidienne »

Quelle est votre définition du développement durable ?

Un développement durable, c'est un développement solidaire et global, mais l'important ce n'est pas tellement la définition. Car nous constatons qu'il y a aujourd'hui une communauté de vocabulaire qui est largement utilisée, largement diffusée. Et l'important est le « comment faire ».

Lorsque je dis que le développement durable c'est d'abord un développement solidaire, qu'est-ce que cela veut dire au niveau d'une ville ? Tout d'abord, il ne faut jamais oublier une chose : une ville, c'est une très forte concentration d'hommes et de femmes, une communauté présente et future. Il ne faut jamais oublier qu'en Europe 80 % des gens vivent en ville. Et lorsque l'on parle des libertés, de l'égalité, de la fraternité, le problème est de savoir comment on peut faire vivre ces concepts dans la ville.

Que veut dire la solidarité au niveau d'une ville ? C'est tout d'abord la solidarité au sein de la société, entre les différentes générations qui se succèdent. C'est également la solidarité dans les temps qui peuvent exister, et qui constituent la vie des uns et des autres. Et puis c'est la solidarité dans les activités. Très concrètement, pour qu'il y ait solidarité, il faut qu'une ville soit capable d'accueillir. Et le contraire de l'accueil, c'est l'exclusion. Et c'est là que l'on retrouve la notion de mixité sociale. Pour que la mixité sociale fonctionne dans une ville, il faut que vous ayez la volonté de la maîtrise publique, démocratique, du foncier. Si vous n'avez pas cette politique de maîtrise publique, démocratique du foncier, qui suppose bien évidemment des engagements financiers, la mixité

sera très difficile à réaliser. Il faut d'autre part, lorsque l'on s'intéresse au logement, que cette mixité puisse vivre dans tous les quartiers de la ville. Alors, bien évidemment, lorsque vous avez une ville
avec des quartiers anciens, des quartiers neufs, la maîtrise de cette
mixité est différente. Il est plus facile de faire une mixité dans un
quartier neuf que dans un quartier ancien. Mais, dans un quartier
ancien, pour que la mixité fonctionne, vous pouvez aussi recourir à
des préemptions, vous pouvez négocier la mixité par différents types
de location et vous pouvez aussi faire du neuf dans l'ancien.

**Vous insistez beaucoup sur les problèmes de mixité, facteur
de cohésion sociale, et cela entre tout à fait dans le cadre du
développement durable. Mais comment appliquez-vous cela
dans votre ville ?**

Je vais prendre un cas très précis, concernant le centre-ville. En
1977, lorsque nous sommes arrivés à la mairie, la population du
centre-ville avait chuté. C'était un phénomène général observé
dans la plupart des grandes villes. Et nous avons mené une politique
générale au bénéfice du centre-ville, pour que, précisément, le
centre-ville puisse avoir de la vie, des activités. Avoir de la vie,
c'est tout d'abord faire revenir la population dans le centre-ville,
et pour faire revenir la population dans le centre-ville, qu'avons-
nous fait ?

Tout d'abord, nous avons interdit la transformation des logements en bureaux. C'est une démarche à manier avec beaucoup
de précaution, parce que vous pouvez aussi créer des rentes de
situation.

Première orientation : interdiction de la transformation des logements en bureaux.

Deuxième élément, nous avons exercé parfois notre droit de
préemption dans certains immeubles, précisément pour acquérir
des logements que nous remettions à l'office municipal HLM. Toujours en matière de logement, nous avons mis en place une opération programmée de l'amélioration de l'habitat, dans le centre-ville,
pour réhabiliter, restructurer les logements anciens, qui étaient des
propriétés privées et qui le sont restées : nous avons apporté des
aides aux propriétaires privés. Et puis nous avons eu aussi la volonté

de construire des logements neufs en plein centre-ville. C'est ainsi que vous avez, dans le centre-ville, une réalisation qui s'appelle le Colombier, réalisation au cœur du centre-ville, sur des terrains qui supportaient initialement des casernes. Et lorsque nous avons pris en main ce nouveau quartier, le Colombier, qui est l'équivalent de La Part-Dieu à Lyon, nous avons modifié la nature des logements qui étaient prévus pour en faire une partie de logements sociaux. Voilà, concernant le logement, ce que nous avons fait.

Deuxièmement, toujours concernant le logement et l'esthétique, nous avons entrepris une campagne de réhabilitation systématique de ravalements de façades. Et je suis heureux de constater que cette campagne s'est déroulée sur plusieurs années, et indépendamment de l'importance des copropriétés ; à Rennes, nous n'avons pas eu de difficultés contentieuses. Voilà, si vous voulez, les premières démarches concernant l'habitat.

Vous êtes très sensible à la haute qualité environnementale dans l'habitat ; pouvez-vous m'en dire quelques mots ?

Parfaitement. Lorsqu'on parle de la haute qualité environnementale, en centre-ville, lorsque nous avons procédé à ces « réhabilitations-reconstructions », nous sommes intervenus auprès d'un certain nombre de sociétés telles que EDF, GDF, la Compagnie générale des eaux, et puis les entreprises artisanales, pour que précisément il y ait une charte de qualité qui soit respectée. Aujourd'hui, quand on parle de la haute qualité environnementale, on pense aussi, dans différents quartiers, au recours à certaines techniques particulièrement innovantes, par exemple le garage municipal qui bénéficie de la norme ISO 14001. Haute qualité environnementale aussi, nous y avons veillé lorsque nous avons réalisé une nouvelle station d'épuration qui est l'une des plus modernes d'Europe.

Si vous voulez, je reprends le quartier du centre : lorsque je parle de mixité, c'est donc à travers le logement, avec toutes les techniques, toutes les démarches, ce qui suppose des choix financiers, des choix budgétaires, bien évidemment.

Nous avons également créé un certain nombre de parkings dans le centre. Nous avons mis en place un plateau piétonnier, qui a suscité beaucoup d'opposition en 1981-1982. Et la mixité, c'est certes la mixité sociale, la mixité des générations, mais, il ne faut pas l'oublier c'est aussi la mixité des activités. Et lorsque je parle de la mixité des activités, le centre de toute ville a une activité importante parmi d'autres, c'est l'activité commerciale. Je pense que l'une des décisions les plus importantes que nous ayons prises pour que ce cœur de la ville continue à battre de manière active a été de créer un grand centre commercial, en plein centre-ville, le centre commercial du Colombier. Et nous sommes actuellement en train de réaliser un autre centre commercial qui sera situé dans la partie nord du centre de la ville, dans le quartier dit de la Visitation.

Un autre élément que je ne veux pas passer sous silence, c'est bien évidemment la politique de transports en commun, qui fait partie de la mixité des activités, de la mixité des services, car lorsque l'on parle de développement durable, il ne peut pas y avoir une absence de services publics. Dans mon esprit, la notion de développement durable fait appel à la solidarité et à l'égalité. Le service public est un élément d'égalité. Voilà, si vous voulez, très rapidement, la démarche de solidarité que nous avons eue au bénéfice du centre-ville, que nous avons aussi au bénéfice des autres quartiers. Lorsque je définis la démarche de développement durable, c'est certes une démarche de solidarité, mais aussi une démarche globale. Je veux dire par là qu'il faut que nous puissions marier l'économique, le social, le culturel, et, lorsque nous évoquons cette démarche solidaire et globale, il faut bien évidemment que ce soit une démarche partenariale.

La démarche partenariale ne consiste pas, pour le gouvernement de la ville, à abdiquer sa responsabilité. Elle cherche à créer et à partager une culture urbaine qui doit être au service de l'intérêt général.

Le développement durable est-il, alors, la définition moderne du service public?

Il n'y a pas de développement durable sans service public. Il ne peut y avoir de développement durable qui ne soit pas fondé sur les valeurs du pacte républicain, la liberté, l'égalité et la fraternité. C'est pour ça qu'il ne peut y avoir de développement durable sans une assise démocratique au service de ces valeurs de la République. Et il ne peut pas y avoir de développement durable sans une certaine régulation publique, car la loi du marché, appliquée à la ville, débouche nécessairement sur l'exclusion dans la ville. Si vous laissez faire les lois du marché, la ville devient un lieu d'exclusion, un lieu d'inégalité, un lieu d'insécurité : c'est donc le contraire d'un développement durable.

Car qui dit développement durable dit aussi, bien évidemment, harmonie sociale. Et, parmi les éléments du développement durable, il y a un élément auquel personnellement je suis très attaché, c'est celui du temps. Pour qu'il y ait développement durable, pour qu'il y ait une harmonie dans la ville, il faut que vous ayez une concordance entre les temps vécus des hommes et des femmes. Et cette notion de maîtrise des temps, au service d'une qualité de vie, est un élément essentiel, au sein de la vie d'une ville et au sein de la vie d'une communauté.

Hier vous aviez trois temps : le temps du travail, le temps de la religion, le temps familial. Aujourd'hui vous avez une multiplicité de temps : le temps du travail, qui peut être très différent selon que l'on a telle ou telle activité, que l'on est au chômage ou non, que l'on approche de la retraite ou non ; vous avez le temps de la formation : vous voyez que cette notion de temps de la formation est un temps très différent de celui qui existait hier, parce que hier le temps de formation correspondait au temps de la jeunesse, au temps de l'adolescence, aujourd'hui on parle de la formation tout au long de la vie. Vous voyez que lorsque l'on parle du développement durable on doit aussi solliciter par exemple l'institution universitaire, car demain les étudiants ne se comptabiliseront plus comme aujourd'hui, les étudiants seront des personnes d'âges très différents. Il faut que l'université s'ouvre à l'ensemble de la population et à l'ensemble des âges.

Ici, à Rennes, vous avez un collège qui s'appelle le Collège coopératif, qui met en œuvre, précisément, de manière très expérimentale mais très positive, cette notion de formation tout au long de la vie. Lorsque l'on parle des temps, ce sont aussi les temps de transport, le temps pour soi, le temps familial, et le temps familial c'est à la fois le temps éducatif des enfants, le temps des loisirs familiaux…

Alors, que constate-t-on lorsque l'on s'intéresse au temps ? Le temps est un révélateur d'inégalités. Prenez par exemple le temps des transports : il est très différent selon que l'on a telle ou telle activité, que l'on appartient à telle ou telle catégorie sociale, que l'on est localisé dans telle ou telle partie de la ville ou dans telle ou telle partie de l'agglomération. À partir du moment où le temps est un régulateur d'inégalité, il doit y avoir une maîtrise des différents temps dans la ville.

Comment cette maîtrise des différents temps peut-elle se faire ? Par exemple, par une meilleure adéquation entre les offres et les demandes de transports, les offres et les demandes de services, les offres et les demandes d'activités commerciales ou autres. C'est pour ça que, lorsque l'on parle du développement durable et du temps, il faut toujours se dire que la maîtrise des temps doit résulter d'un dialogue sociétal, et non plus simplement d'un dialogue social. Il est évident que l'aménagement du territoire est un élément déterminant du développement durable. Au niveau européen, il est diffusé aujourd'hui un concept très intéressant, qui a été d'ailleurs repris à Johannesburg. Ce concept est celui d'un « polycentrisme urbain ». En effet, lorsque vous avez une agglomération à organiser, là encore il ne faut pas que ce soient les lois du marché qui président à l'organisation ou au désordre de l'agglomération. Il faut que l'agglomération en question suive un certain nombre de règles d'organisation. Une bonne agglomération, c'est une agglomération qui évite le phénomène de l'étalement incontrôlé, très néfaste aux populations les plus pauvres qui sont ainsi éloignées des transports, des commerces, des lieux culturels...

Lorsque l'on parle de polycentrisme au niveau d'une agglomération, cela consiste à avoir une agglomération qui est organisée en différents centres, en différents pôles, en différents bourgs, étant entendu qu'entre ces différents centres, ces différents bourgs, vous avez un espace rural, ce qu'on appelle des ceintures vertes. Je pense que ce thème, cette forme de polycentrisme, est une forme qui est profondément respectueuse des hommes et des femmes, de l'identité de la ville, qu'elle soit démocratique, sociale ou culturelle. Lorsque vous prenez le cas de l'agglomération rennaise, vous constatez que l'agglomération repose sur différents pôles, c'est une agglomération multipolaire, avec un système de transports en commun de très grande qualité. C'est aussi une agglomération profondément respectueuse de l'espace rural, car c'est en maîtrisant l'occupation de l'espace urbain, à travers les différents pôles, que vous combattez ce que l'on peut appeler le « stress foncier ».

Mais qu'appelez-vous le stress foncier ?

C'est la situation dans laquelle peut se trouver un agriculteur, un maraîcher proche de la ville, et qui voit ses terres être « avalées » au bout de quelques années, alors qu'il a investi beaucoup d'argent dans son exploitation. Lorsque l'on parle du développement durable, on débouche nécessairement sur l'aménagement du territoire et l'aménagement de l'agglomération : l'un des principes de ce développement durable, ce doit être, bien évidemment, le respect, là encore, de la mixité des espaces et des activités urbaines et rurales.

Mais pour cela, une nouvelle fois, nous retrouvons le principe de la régulation. C'est la raison pour laquelle je suis très attaché aux lois intéressant la coopération intercommunale. Je pense à la dernière loi Chevènement. Je suis très attaché aussi à la loi sur l'organisation des pays, la loi Voynet, très attaché à la loi dite SRU, solidarité, renouvellement urbain, et très attaché également à la loi Démocratie et proximité. Vous avez là un ensemble législatif, qui a d'ailleurs des antécédents, et qui me semble parfaitement cohérent pour mettre en œuvre précisément ce développement durable, solidaire et global.

La valeur temps est-elle l'une des valeurs essentielles en matière de développement durable ?

Oui. Car lorsqu'on organise une ville, il faut toujours avoir un horizon proche et lointain ; il faut aussi que, lorsqu'on organise la vie dans une ville, le développement d'une ville, on pense à l'avenir, à préserver l'énergie, préserver les terrains, préserver la qualité de l'air, la qualité de l'eau... Au début des années 80, j'ai mis en place ici un plan de maîtrise de l'énergie, avec une bonne dizaine de commissions, très partenariales, avec la participation d'élus, du monde associatif, des chambres consulaires, des industriels, des organisations syndicales. Lorsque vous vous intéressez aux décisions dans la ville, il n'y a pas une seule décision qui puisse échapper aux critères de l'énergie. Le temps, c'est également affaire de diagnostic pour sensibiliser, programmer.

Vous m'avez interrogé sur les immeubles de haute qualité environnementale, alors c'est tout le problème de l'isolation, que ce soit l'isolation phonique, l'isolation thermique. Je me souviens par exemple que, pour les besoins de ce plan, qui a débouché sur toute une série de décisions, nous avons fait une photographie à infrarouge de la ville de Rennes, et nous avons vu sur cette photographie quelles étaient les maisons, les toitures, les canalisations qui fuyaient : elles apparaissaient en blanc. Et il était très symptomatique de voir, par exemple, que certains toits étaient en noir parce qu'ils étaient isolés...

Autre exemple qui concerne le temps, l'anticipation, l'énergie : nous avons à Rennes un système de chauffage urbain. C'est un élément de développement durable, puisque ce chauffage urbain, qui a plus de 30 ans, est en partie fondé sur l'incinération des ordures ménagères. Lors de notre radiographie précitée, nous avons vu, par exemple, que certaines canalisations apparaissaient en blanc, tout simplement parce que l'isolation était défectueuse, et à partir de ce constat on a opéré des réparations, des isolations nécessaires.

Mais tout cela coûte beaucoup d'argent. Comment faire ?

Tout ceci demande une volonté politique. Car tout le monde n'est pas nécessairement sur la même longueur d'onde : tout le monde ne partage pas nécessairement les mêmes orientations, la même culture. Donc il faut débattre, il faut convaincre, il faut organiser la participation. Lorsque je dis que le développement durable doit être aussi un développement fondé sur le partenariat et la démocratie, nous avons mis en place depuis très longtemps, au niveau de l'agglomération de Rennes, un conseil économique et social dans lequel tous les différents partenaires sont représentés, y compris le secteur social, culturel, coopératif, associatif. Tout un dispositif de consultation, de participation, d'information existe avec les comités consultatifs, les offices, les conseils de quartiers... Donc il faut débattre, il faut convaincre, il faut démontrer, et puis il faut décider. Et lorsque l'on décide, il y a l'aspect juridique de la décision : quand on décide par exemple de préempter, il y a la base juridique de la décision, mais il faut aussi, pour que cette décision soit effective, que vous vous donniez les moyens financiers et techniques de la décision. Je crois beaucoup à cette notion de volonté politique et au principe du « gouvernement de la ville ».

J'ai quelquefois beaucoup de réticences par rapport à la notion de « gouvernance ». Si la notion de gouvernance signifie consultation, participation, partenariat, c'est une conception démocratique de la gouvernance. Si la gouvernance consiste à rechercher un consensus mou, fondé sur le moins-disant, je ne suis pas d'accord avec cette conception-là. C'est la raison pour laquelle je suis attaché à la notion de gouvernement de la ville, tout comme je suis attaché à la notion de consultation, de participation. Je crois à la responsabilité politique à travers la démocratie représentative, enrichie par la démocratie participative.

Comment réagissent les acteurs économiques, j'entends les entreprises qui sont dans votre ville, autour de votre ville, sur ce genre de concept ? Est-ce qu'ils vous suivent ?

Ce que je constate, c'est que nous avons de très nombreux débats, de très nombreux échanges. Si vous étiez venu il y a trois, quatre ou cinq ans, et que vous vous étiez penché sur le projet du Val, qui est un élément important de la politique de transports du développement durable, vous auriez vu qu'une opposition à ce projet était très forte. Simplement, je constate maintenant que cette opposition a disparu.

Ce qu'il faut, c'est qu'effectivement les différents partenaires soient convaincus du bien-fondé du développement durable. Pour qu'ils soient convaincus, il faut que l'on apporte la démonstration du bien-fondé de ce développement durable.

Je prends un cas bien précis. Lorsque je parle logement, car le droit au logement est un élément déterminant du développement durable, il y a effectivement des personnes, des organisations, qui sont hostiles à la politique de logements que nous menons. Parce qu'ils ont une vision très villageoise de la ville, qui ne correspond pas à un développement durable ; parce que lorsque l'on veut remplacer, je schématise, des logements collectifs par des maisons individuelles, il faut d'abord que vous ayez le terrain nécessaire. La multiplication de lotissements classiques, style «langue de bœuf» que l'on connaît, n'est certainement pas la technique la plus avertie pour aller vers un développement durable respectueux, précisément, du territoire.

Lorsque l'on parle du développement durable et de la maison individuelle, il y a bien évidemment une conciliation à trouver, des modes ou des modèles de lotissement, qui soient parfaitement compatibles avec la notion de développement durable.

Je pense également que lorsque l'on aborde, par exemple, les questions de l'eau, chacun doit bien comprendre que le développement durable appliqué à l'eau est une absolue nécessité, notamment en Bretagne. Et chacun doit bien comprendre que tout ce qui concerne les investissements en matière d'environnement, qu'il s'agisse d'eau, de traitement des ordures ménagères, sera de plus en plus important, et il ne faut donc pas s'attendre, si l'on est respectueux du futur, des générations futures, à ce que dans les années qui viennent nous ayons la possibilité de baisser le montant des investissements qui peuvent se faire.

Rennes a été l'une des premières villes du «réseau ville-santé». Pourquoi cet attachement?

Tout simplement parce que, parmi les grandes inégalités qui existent, il y a celles en matière de santé. Et la plus grande inégalité qui puisse exister est celle qui concerne l'espérance de vie. Il y a une corrélation très étroite entre les appartenances socio-professionnelles et l'espérance de vie. Nous avons effectivement mis l'accent sur les questions de santé. Nous avons par exemple créé une Maison des associations de la santé. Nous sommes impliqués au niveau de l'Organisation mondiale de la santé. Lorsque l'on évoque la santé, il y a nécessairement une approche culturelle de la santé. Si l'on veut vivre en bonne santé, il y a des comportements, des démarches de prévention qu'il faut réaliser. L'approche santé, c'est par exemple le développement des transports en commun. Pourquoi le développement des transports en commun par rapport à la santé? Tout simplement parce que, lorsqu'il y a transport en commun, il y a moins de pollution, et diminuer la pollution c'est augmenter ses chances en matière de santé, c'est aussi augmenter la qualité santé d'une ville. Et, d'autre part, lorsque l'on développe les transports en commun, on augmente considérablement le facteur sécurité. Voilà un exemple.

D'autre part, lorsque vous vous intéressez à la qualité du logement, il est évident que lorsque vous êtes dans un logement de qualité vous n'avez pas le stress que vous rencontrez lorsque vous habitez un logement de mauvaise qualité qui est notamment bruyant... Depuis de très nombreuses années, nous avons développé des actions de prévention bucco-dentaires dans les écoles, pour les jeunes enfants. Nous nous sommes aperçus, par exemple, au départ, quand nous faisions ces actions, qui étaient organisées de manière bénévole par les chirurgiens-dentistes, que la carte de la carie dentaire dans cette ville, à la fin de années 70, début des années 80, correspondait grosso modo à la répartition socio-professionnelle de la population dans cette ville. Or, quand on parle de la carie dentaire, nous constatons, par exemple, qu'elle a des répercussions sur le cœur, sur les poumons. Et, en approchant, justement, par la prévention, la lutte contre la carie dentaire, nous avons trouvé une voie qui débouche sur des champs très divers. Nous avons également régulièrement mené des actions pour les boissons non alcoolisées. Là aussi, ça fait partie de la culture. Et surtout en Bretagne.

Voilà quelques éléments. Si j'ai évoqué la notion de santé et d'égalité, de santé et de culture, c'est parce que, lorsque l'on parle santé, il y a des comportements qu'il faut que nous mettions en place. Et, dans notre ville, du fait de la concentration des personnes, des moyens de communication qui existent, des possibilités de rencontres, du fait aussi de l'importance du milieu associatif dans cette ville, des liens qui peuvent exister en matière de santé entre des institutions telles que le CHU, les cliniques... nous pouvons développer une réelle politique « ville-santé » au service des plus démunis, notamment.

On retrouve ces deux valeurs, valeur-temps et valeur-santé, qui sont intimement liées, dans le cadre de ce grand concept du développement durable. Sont-elles essentielles pour vous ?

C'est un lien évident puisque, quand on parle santé et temps, le temps c'est l'espérance de vie... C'est fondamental. Et toutes les études le montrent : même s'il y a un allongement de l'espérance de vie, nous constatons que les inégalités en matière d'espérance de vie existent, et il y a une corrélation très étroite entre l'activité socio-professionnelle, le niveau culturel et l'espérance de vie...

C'est pour ça que, lorsque l'on parle du développement durable dans la ville, ce n'est pas simplement des bâtiments, des rues, des entreprises, des commerces : la ville a une dimension culturelle, et le rôle des responsables d'une ville c'est de donner tout son effet, toute sa place, à cette dimension culturelle, au sens très large du terme.

C'est aussi un corps social ?

La ville est d'abord un ensemble d'hommes et de femmes. C'est d'abord une société et chacun a ses responsabilités. Lorsque vous avez la responsabilité d'une ville, vous êtes très pris par la décision, par l'action, et c'est aussi un problème de temps, de bonne ou mauvaise organisation. Quand je dis qu'il faut prendre le temps de méditer, de réfléchir, ça fait partie des nécessités qui doivent s'imposer aussi aux responsables des villes.

Que pensez-vous de l'avenir des maires et de leur responsabilité de plus en plus grande ?

Si vous comparez les décisions des maires aujourd'hui et les décisions des maires au cours des années 60 ou 70, les changements sont les suivants. Tout d'abord, le temps de la décision est beaucoup plus long. Ça tient à la complexité des institutions, aux textes qui s'ajoutent les uns aux autres. Deuxièmement, la notion de partenaires est beaucoup plus importante qu'hier. C'est toute la question de la consultation, des avis nécessaires ou facultatifs, du partenariat. Et, troisième chose, la possibilité du contentieux est infiniment supérieure à ce qu'elle était hier.

Ce sont des contentieux qui peuvent être très divers. Et, à ce sujet-là, il faut que nous disions la vérité. Parfois, sous couvert d'écologie, de développement durable, il y a des expressions très égoïstes qui s'expriment.

Le développement durable peut-il redonner un nouveau sens à la vie politique ?

Parfaitement. Je crois tout d'abord que la fonction politique est une fonction majeure dans toute société démocratique. C'est une fonction qui est dans notre pays beaucoup décriée pour différentes raisons. Il y a toujours eu dans ce pays un anti-parlementarisme latent... Quand je dis anti-parlementarisme, c'est anti-élus. C'est une première raison. Je pense aussi que dans ce pays le principe de suspicion est un principe explicatif. Je pense également que l'on a manqué parfois de transparence, d'information, d'explication, de formation. Et quand je dis que l'on a manqué de transparence, il ne faut pas craindre de dire que la démocratie nécessite que ceux qui s'y consacrent soient rémunérés. C'est au nom du principe de l'égalité. C'est un principe démocratique. Il y a toujours ce rapport difficile avec l'argent. Je crois aussi que dans différents secteurs, universitaires, médiatiques, on a une vision très critique de la fonction politique. Ça vient peut-être du fait que les élus ne s'expriment pas suffisamment, que certains peuvent avoir un comportement critiquable, y compris médiatique. Je pense aussi que, par rapport à l'opinion, les élus doivent être courageux. La responsabilité politique ne consiste pas à répondre favorablement, de manière systématique, à l'opinion. C'est pour ça que je distingue l'opinion et le peuple. Je crois que, lorsque l'on a une responsabilité politique, il faut être tout d'abord fier de cette responsabilité, il faut avoir le courage d'en parler car cela va dans le sens du développement durable. Le jeu des lois du marché va à l'encontre de celui-ci.

ALAIN JUPPÉ

Maire de Bordeaux

Quelle est votre définition du développement durable ?

C'est celle d'une croissance, d'une évolution qui non seulement préserve un équilibre délicat entre une société et son cadre de vie mais qui sait également ouvrir de nouvelles perspectives aux générations futures.

Le XXe siècle a marqué pour l'homme un tournant essentiel de son existence et plus encore de son devenir. Si jusqu'alors il s'accommodait souvent, s'il subissait parfois son environnement, il est depuis lors capable de le modifier en profondeur, voire de le détruire et par là même d'hypothéquer son propre avenir.

Pollutions, réchauffement de la planète, appauvrissement du patrimoine animal ou végétal de notre terre... Ces maux sont à mes yeux la résultante d'une prise de conscience trop tardive. Toujours plus nombreux, plus avancés technologiquement, plus attachés à notre confort de vie, nous avons souvent oublié la fragilité de notre environnement.

Pour autant faut-il condamner tout progrès, toute évolution ? Je ne le crois pas, car une telle démarche ne serait pas meilleure que certains obscurantismes de jadis. Nous devons par contre accepter de prendre en compte les incidences à court comme à long terme de nos décisions.

Pour moi la définition du développement durable est celle d'un développement responsable pour lequel chacun, élu, décideur, citoyen a un rôle actif à jouer, car plus que jamais le monde que nous connaîtrons demain, celui que nous léguerons aux générations futures, se construit dès à présent.

157

Cette prise de responsabilité, que vous appelez de vos vœux, comment doit-elle se traduire ?

Par souci de cohérence, il nous est apparu plus efficace de mettre en œuvre une approche qui transcende les simples limites communales et prenne en compte l'agglomération dans son ensemble.

Si dans son fonctionnement quotidien la mairie de Bordeaux est particulièrement attentive à la préservation de son environnement et y consacre notamment plus de 10 % de son budget d'investissement, l'essentiel des actions que nous menons est porté par la communauté urbaine de Bordeaux.

Urbanisme, aménagement du territoire, logement, déplacements, développement économique ou environnement, par ses compétences la CUB s'impose logiquement comme l'acteur principal du développement durable.

Dès 2000, la CUB a élaboré une méthodologie globale permettant d'assurer une indispensable transversalité à une approche développement durable : le Programme AGENDDA (Action globale pour l'environnement et le développement durable de l'agglomération).

Ce programme prévoit notamment l'élaboration d'une charte pour l'environnement et le développement durable qui doit permettre à notre établissement public de disposer d'un état des lieux portant sur les six thèmes suivants : eau, déchets, air, bruit, énergies et paysages-cadre de vie et intègre l'évaluation de la dimension « environnementale » des principales politiques mises en œuvre par la communauté urbaine (aménagement de l'espace, habitat, développement social, développement économique, déplacements), afin de pouvoir définir les priorités et d'établir un cadre d'actions.

Cette démarche repose sur une gestion raisonnée des territoires et des ressources naturelles afin d'améliorer le cadre de vie (maîtrise des nuisances, qualité de l'air, santé publique, valorisation des espaces naturels...) et s'appuiera sur des actions de sensibilisation et éducation à l'environnement.

En ce sens, l'intercommunalité, dont la CUB a été une pionnière, est un outil de premier ordre. Peut-être encore un des seuls à pouvoir, par le partage des projets et des risques, pérenniser en

158

même temps un sentiment de territoire et de destin commun. L'essence même de l'intercommunalité est durable.

L'évolution d'une métropole, son étalement ou sa densification ont des répercussions directes sur son insertion environnementale. Quelles en ont été les conséquences pour l'agglomération bordelaise ?

Le demi-siècle écoulé a vu un profond bouleversement du territoire que représente aujourd'hui la communauté urbaine de Bordeaux. L'effet combiné des flux migratoires et de la croissance démographique a débouché – de manière somme toute classique – à partir des années 60, sur une extension plus ou moins maîtrisée de la tache urbaine. Ce phénomène connu de l'ensemble des grandes métropoles a induit un étalement de notre agglomération vers ses marges périphériques au détriment de son centre historique.

Ce véritable retournement a bien entendu entraîné de nombreuses conséquences : différenciations sociales et spatiales, polycentralité, rallongement des trajets, migration en banlieue des pôles d'activités économiques, problèmes d'extension et de renouvellement des équipements publics.

La tâche première, pour ne pas dire le défi, de la communauté urbaine de Bordeaux est donc de parvenir à concilier ces deux grandes notions que sont le développement de l'agglomération et l'amélioration de la qualité de vie.

Parmi les grandes métropoles françaises, la communauté urbaine de Bordeaux est la moins dense. Pour un territoire d'une superficie équivalente à celle du Grand Lyon, la CUB est deux fois moins peuplée. Si cette spécificité contribue largement à promouvoir notre image d'agglomération au cadre de vie agréable et recherché, elle ne va pas sans poser des problèmes structurels de fond. Comme c'est souvent le cas, notre force est aussi une faiblesse avec laquelle nous devons composer... l'éternel revers de la médaille en quelque sorte.

Depuis maintenant près d'une dizaine d'années, la trame de cette action s'est clairement dessinée dans notre agglomération. Au travers des différents documents d'urbanisme : SDAU, POS d'abord et aujourd'hui SCOT et PLU, nous avons défini des priorités qui nous permettront de façonner la communauté urbaine de demain dans un souci de mixité urbaine et sociale.

La première orientation consiste à juguler et maîtriser l'urbanisation sur notre territoire.

La seconde réside non pas dans le renforcement de la centralité, mais des centralités des communes membres comme autant de pôles urbains afin de rapprocher les habitants des lieux de vie.

La troisième est l'édification d'une charpente verte au travers d'une ceinture d'espaces naturels majeurs d'agglomération.

Ces principes d'action, autour du triptyque maîtrise/synergie/ préservation, ne font pas du développement un moyen de contrer, voire renverser l'évolution, mais au contraire d'accommoder les deux notions afin de donner tout son sens à la durabilité.

La situation géographique de l'agglomération bordelaise, son étendue, mettent inévitablement au premier plan les problématiques de déplacements. Désenclavement des communes, flux économiques, mobilité des habitants... comment concilier tous ces impératifs ?

Notre priorité a été, est de doter notre métropole des infrastructures indispensables à sa croissance. Le manque d'ouvrage de franchissement, l'absence d'un transport en commun en site propre pénalisaient notre agglomération et paralysaient la circulation. Ainsi la décision de construire un nouveau pont a été prise par le conseil de communauté en 2000. Cet ouvrage d'art, qui permettra de « rapprocher » un peu plus les deux rives de l'agglomération, disposera d'une travée levante permettant de préserver la navigation fluviale et la vocation bordelaise d'escale de croisière.

Le réseau de transports en commun sera, avec la mise en service d'un tramway, totalement restructuré. Nous avons, dès l'origine du projet, choisi de considérer ce futur réseau de transport en commun de l'agglomération comme un tout cohérent dont le tramway constitue la colonne vertébrale. La définition et la mise en œuvre de ce réseau global est une véritable opportunité pour la CUB et chaque ville qui la compose.

Les trois premières lignes de tramway, près de 25 km, correspondant à la première tranche, seront en service fin 2003. L'intérêt de la population, malgré la gêne occasionnée par les travaux, est nettement perceptible d'autant que les premières mesures du nouveau plan de circulation, inclus dans le plan des déplacements urbains, sont déjà assimilées par les usagers. Nous assistons en fait à un véritable mouvement de fond, une sorte de révolution culturelle des déplacements, prémices à un nouveau mode de vie, un nouveau mode de ville.

Ce sentiment se ressent également dans toutes les ramifications de notre projet urbain : les travaux concomitants, la restructuration complète du réseau de bus existant, le développement de modes alternatifs innovants comme la navette fluviale ou les navettes électriques, le système de prêt de vélos mis en place à Bordeaux où plus de 2000 ont trouvé preneur en quelques semaines.

L'accueil réservé à notre projet est donc encourageant. Cette dimension sociale est fondamentale et a permis, grâce au dialogue et à la concertation que nous avons souhaité instaurer bien en amont, de peaufiner constamment notre copie en cours de route.

Infrastructures toujours avec l'organisation multimodale de l'agglomération qui repose sur une valorisation de son activité portuaire et sur un renforcement de la desserte ferroviaire. Trois sites, Bordeaux-fret, Hourcade et Bassens assurent les interconnexions entre la route, le fer et la mer.

Le trafic passagers devra également être amélioré par un raccordement rapide de Bordeaux à Paris puis à Toulouse et à la frontière espagnole par une ligne à grande vitesse qui permettra de rationaliser encore davantage les flux routiers dont nous connaissons les incidences environnementales.

Le développement d'une grande métropole est intrinsèquement lié à son dynamisme économique. Comment, selon vous, peut-on concilier ces enjeux économiques et les impératifs de développement durable ?

Je crois qu'il est erroné de vouloir opposer ces deux ambitions. Bien au contraire les acteurs économiques sont des éléments structurants de l'harmonie d'une agglomération. Pour autant il nous appartient de veiller à leur bonne insertion urbaine. Dans cette optique plusieurs impératifs doivent être pris en compte : la recherche d'une mixité urbaine rompant avec la ghettoïsation des « cités dortoirs » et réduisant les déplacements quotidiens ; la nécessité de proposer aux entreprises un réseau de communications favorisant l'intermodalité ; la mise en œuvre de dispositifs favorisant l'insertion environnementale de la gestion des déchets, des besoins en ressources naturelles...

Si Bordeaux est mondialement connue pour ses vins, il est important de conserver présent à l'esprit la richesse de son tissu économique. À titre d'exemple rappelons que le secteur industriel emploie près de 36 000 personnes. Sans vouloir dresser un inventaire exhaustif des principaux secteurs d'activités, je voudrais simplement citer quatre domaines prépondérants : l'aéronautique-spatial-défense, l'automobile, l'électronique et la chimie/pharmacie. Grands groupes, sous-traitants, PME, ce sont plus de 33 000 entreprises qui sont installées sur le territoire communautaire. Les choix d'urbanisme que nous avons arrêtés renforceront le poids de ces pôles d'excellence répartis sur l'agglomération et favoriseront une plus grande synergie entre les entreprises. Dans un contexte de concurrence entre les grandes métropoles, la pérennité des implantations économiques comme notre capacité à en séduire de nouvelles, sont des éléments essentiels du développement durable de notre agglomération.

Savoir se différencier par la qualité de l'accueil proposé aux entreprises est donc un enjeu majeur pour la communauté urbaine. La constitution de sites d'intérêt métropolitain, véritables zones d'activités repensées, permettra de proposer des structures d'accueil en adéquation avec les attentes des chefs d'entreprise qui y trouveront aménagements et services facilitant leur quotidien.

Gestion de l'eau, qualité de l'air, quelle est la politique de la CUB pour ces 2 composantes essentielles de son environnement ?

Dès 1968, date de sa création, la communauté urbaine de Bordeaux a fait de l'eau une de ses priorités.

La distribution et l'assainissement ont constitué des missions fondatrices pour notre établissement public. L'équation était alors simple : sans eau, pas de développement urbain ni de croissance économique. Ce premier programme se poursuivra jusque dans les années 90.

La notion de développement durable n'occupait pas encore le devant de la scène, l'objectif étant simplement d'offrir un développement efficace et continu. La « durabilité », par la force des choses – de la nature – nous a pourtant rattrapés, qu'il s'agisse de faire face aux risques d'inondations, de préserver nos ressources ou d'assurer le traitement des eaux pluviales ou résiduaires.

En l'espace de vingt ans, la communauté urbaine a ainsi édifié ou modernisé un ensemble unique d'ouvrages nécessaires à l'alimentation, l'assainissement et la protection des populations. De ces investissements colossaux mais indispensables, la CUB a retiré une expérience précieuse et un savoir-faire poussé en matière de gestion des eaux.

Ainsi « RAMSES », un système de contrôle parfaitement abouti qui assure la gestion des flux d'eaux pluviales et veille ainsi jalousement sur l'ensemble du réseau d'équipements communautaires. Outil de prévention et de veille hors pair face aux dérèglements météorologiques, RAMSES a obtenu un tel écho au niveau national et international que d'autres métropoles ont déjà souhaité l'adopter.

Mais aussi satisfaisant soit-il, ce dispositif est par nature évolutif et nos efforts d'investissement sont constants pour maintenir l'avance que nous avons acquise au fil des ans.

Cette mission ambitieuse passe par la rénovation des équipements les plus anciens. Nous avons actuellement d'importants travaux en cours, et d'ici 2005 un grand programme de modernisation et de construction sera appliqué aux 10 usines de l'agglomération pour un montant de plus 150 millions d'euros.

L'entretien de nos stations est capital, mais notre préoccupation se porte aussi sur l'avenir des ressources. Nous avons clairement pris le parti de privilégier la recherche de moyens de substitution : c'est le cas pour l'usine de Saint-Louis-de-Montferrand qui va gérer l'eau industrielle. Construite en 2002 par la CUB en partenariat avec l'Agence de l'eau, elle va permettre de limiter les prélèvements effectués par les industries de l'agglomération dans la nappe de l'éocène, destinée prioritairement à un usage domestique. Grâce à cette réalisation, 2,4 millions de m³ par an seront prélevés dans la Garonne, c'est-à-dire autant de préservé dans nos sous-sols.

Quant à la qualité même de l'eau potable, elle reste exceptionnelle sur l'agglomération où elle atteint un taux de 99,9 % de conformité.

La qualité et la sécurité de cette ressource sont surveillées par le système AUSONE qui permet d'assurer une veille constante sur les quelque 140 000 m³ d'eau stockés dans les réservoirs de notre agglomération et distribués par nos 3 000 kilomètres de réseau.

Veiller quotidiennement à la qualité de l'air de notre agglomération est une mission indispensable. En participant à la mise en place d'un réseau de capteurs maillant l'agglomération, AIRAQ, la CUB dispose d'un outil de contrôle performant et précis. Par sa volonté de privilégier des modes de déplacement doux et le recours à des énergies moins polluantes, elle est l'un des acteurs importants de la qualité de l'air.

Le tramway, mode de déplacement électrique, viendra en substitution d'un trafic automobile souvent trop dense. Déjà les premières modélisations estiment à près de 27 %, tous polluants confondus, l'amélioration de la qualité de l'air. Le parc véhicule de la CUB équipé à plus de 35 % de véhicules électriques. Le remplacement continu par des véhicules fonctionnant au gaz naturel véhicule, moins polluant, moins bruyant des bus du réseau de transports en commun sont quelques-unes des actions mises en œuvre pour contribuer à la qualité de l'air.

Le développement des grandes agglomérations s'accompagne d'une production toujours plus importante de déchets. Quelles solutions la communauté urbaine de Bordeaux met-elle en œuvre afin de répondre à ce problème de fond ?

Adopté à l'unanimité en 1993, le plan TRIVAC (trier, recycler, incinérer, valoriser, communiquer) a été lancé en 1996 avec le démarrage des collectes sélectives sur l'agglomération bordelaise.

Après 10 ans d'existence, TRIVAC permet à la CUB d'apporter une solution globale et complète à la problématique des déchets sur son territoire, dans une logique de développement durable et de respect des normes européennes.

Il nous est en effet apparu très tôt que la gestion de plus de 800 tonnes quotidiennes de déchets ménagers ne pouvait s'accommoder de solutions isolées et à court terme.

Aujourd'hui, après une décennie d'expérimentation, de développement, d'extension et d'adaptation, notre système fait partie du quotidien des quelque 660 000 habitants de la CUB et nous a permis de passer sans aucun encombre le cap de l'année 2002 fixé par la loi de juillet 1992. Mieux, non seulement nous avons atteint les objectifs imposés par la loi, mais nous les avons même dépassés avec près de 90 % de déchets ménagers valorisés.

Ce succès résulte de nos choix initiaux. Nous avons en effet voulu mettre en place un schéma global et cohérent s'attachant à offrir des solutions à la fois efficaces et évolutives pour chaque problème rencontré tout au long de la chaîne de collecte et de traitement.

Le tri sélectif est le premier maillon de cette chaîne. La mise en œuvre d'un tel système à l'échelle de notre agglomération était un pari audacieux. Un pari aujourd'hui gagné puisque l'ensemble de la population est équipé d'un système de tri.

Pour y parvenir, nous avons bien sûr été amenés à opérer des choix : faire cohabiter deux systèmes de collecte afin de maîtriser les coûts (le porte-à-porte et l'apport volontaire), étendre de manière progressive ce dispositif à l'ensemble de l'agglomération et tenir compte des diverses spécificités locales et fonctionnelles avec des points-tri enterrés dans le centre historique par exemple, des bacs operculés dans les résidences ou bien l'expérimentation des systèmes de compostage individuel...

En dix ans, nous sommes ainsi devenus une des premières agglomérations de France en termes de taux d'équipement par habitant (nous procédons d'ailleurs actuellement à l'extension du tri en « porte à porte », le fameux « bac vert », auprès de 150 000 foyers supplémentaires) avec une adhésion du public très encourageante puisque seuls 10 % de la population semble aujourd'hui rester hermétiques à « l'éco-citoyenneté ».

Cet écho favorable de la population a démontré la fiabilité de notre projet et nous a bien entendu poussés à développer toujours davantage en amont l'ensemble de la chaîne de traitement, recyclage et valorisation.

Ainsi, grâce à la mise en synergie d'infrastructures et d'équipements de pointe, la communauté urbaine de Bordeaux dispose d'une solution territoriale complète à la problématique des déchets urbains.

Le premier centre de recyclage communautaire a été ouvert il y a maintenant trente ans. Aujourd'hui, ils sont quatorze, répartis sur l'ensemble du territoire. Le succès rencontré par ces déchetteries nous a amenés à codifier leur usage, ce dernier étant désormais parfaitement assimilé par les usagers. Pour plus d'efficacité et dans un souci de rationalisation, six déchetteries réservées aux professionnels ont de plus été ouvertes ces dernières années sur l'agglomération. Cette spécialisation du traitement, toujours plus poussée, s'inscrit pleinement dans la logique de notre dispositif. Après sa mise en place et son intégration dans les mœurs, TRIVAC est arrivé en effet à sa phase d'optimisation.

Nous avons là aussi privilégié l'anticipation et l'innovation avec, parmi d'autres, trois infrastructures d'avant-garde.

La première est le complexe technique de l'environnement, situé sur la commune de Bègles, couplant un centre de tri (30 000 tonnes par an) et une unité de valorisation énergétique (255 000 tonnes par an).

La seconde est le centre de compostage bio de Saint-Médard-en-Jalles. Refusant d'intégrer à son compost les boues d'épuration, ce centre produit un compost de qualité garantissant son utilisation pour l'agriculture biologique. Plusieurs grands vignobles du Bordelais utilisent d'ailleurs ce produit de façon régulière.

La troisième, et non la moindre, est l'unité de vitrification située sur la commune de Cenon. Doté d'une usine d'incinération, ce complexe thermique intègre également un procédé unique de vitrification des résidus d'incinération par torche à plasma (gérée par Europlasma). Cette technologie révolutionnaire permet de transformer les résidus toxiques issus de l'incinération en matériaux réutilisables, ouvrant ainsi une nouvelle voie en matière de gestion des déchets ultimes.

Du tri individuel à la vitrification par plasma, nous sommes donc parvenus à mettre en œuvre en l'espace d'une dizaine d'années un dispositif complet et polyvalent de gestion des déchets urbains sur notre agglomération. Cette réalisation a eu et continue d'avoir un coût pour la collectivité, rendu supportable par notre cadre inter-communal de fonctionnement. Ce dernier point me semble fonda-mental, car ce problème global ne peut trouver de réponse sur un territoire donné sans véritable esprit de mutualisation des moyens et des projets.

Êtes-vous optimiste sur l'avenir environnemental de votre agglomération et, d'une façon plus globale, sur celui de notre planète ?

Il ne s'agit pas véritablement d'être optimiste mais plus précisé-ment d'être conscient des enjeux. Comme je le disais précédem-ment, nous fabriquons aujourd'hui le monde de demain.

Notre action conditionnera donc la qualité de notre cadre de vie mais également de celui de nos enfants. Enjeu environnemental d'accompagnement de la croissance de nos métropoles, mais aussi enjeu de santé publique pour une société qui trouvera un meilleur équilibre de vie dans un milieu préservé.

Ces moyens que nous voulons engager au service du mieux vivre devront également rapprocher les hommes et favoriser les échanges.

Pour autant, je suis convaincu que le succès des plans d'action, des initiatives que nous tous, élus locaux ou nationaux, développons repose sur notre capacité à interpeller, à associer nos populations. L'utilisation de transports en commun, le tri sélectif, l'optimisation de notre consommation quotidienne d'eau... La réussite de toutes ces actions repose sur leur acceptation par nos habitants. Le formi-dable défi que nous devons relever, cette recherche d'un dévelop-pement durable se gagnera par la modification au quotidien de certaines de nos habitudes actuelles de vie.

FABIENNE KELLER

Maire de Strasbourg

La ville de Strasbourg s'est-elle engagée dans la mise en place d'un Agenda 21 local ?

La ville de Strasbourg ne souhaitait pas mettre en place un Agenda 21 car la mise en place de cette charte risque de retarder les projets, les objectifs, les stratégies et les actions de la municipalité. Il s'agit de mettre en place des objectifs et un contenu que nous souhaitons donner à notre politique de développement durable et écologiquement soutenable. Cette politique, nous voulons la décliner de façon concrète, pragmatique et la rendre lisible auprès de nos citoyens. Cette démarche est superposable à l'Agenda 21.

Quelle est votre définition du développement durable ?

Il nous semble fondamental, dans un premier temps, de donner un contour et une définition précise au développement durable. Nous proposons ainsi d'axer notre politique autour du principe de l'amélioration du cadre de vie dans un souci constant de préservation des ressources.

Dans ce cadre, nous avons défini un plan d'objectifs du mandat en matière de développement durable qui a été présenté lors du conseil de la communauté urbaine de Strasbourg du mois d'avril 2003 et qui marque l'engagement de la CUS autour de cinq stratégies fortes pour les cinq années à venir. Ces stratégies, qui rejoignent d'ailleurs les préoccupations débattues à Johannesburg, sont les suivantes :

1. la promotion des énergies renouvelables,
2. la préservation de l'environnement,

3. la valorisation du patrimoine paysager et urbain de l'agglomération,

4. la qualité du cadre de vie dans les projets d'aménagement,

5. des actions de sensibilisation pour une logique partagée avec nos principaux partenaires.

La promotion des énergies renouvelables recouvre un volet fort de notre politique de développement durable et écologiquement soutenable.

En effet, nous ne pouvons rester indifférents à l'augmentation croissante de l'effet de serre, avec ses répercussions sur l'environnement et la santé des habitants. En ce sens, une collectivité comme la communauté urbaine de Strasbourg, à travers la multiplicité de ses compétences et de ses domaines d'intervention, peut jouer un rôle important en la matière. C'est pourquoi nous souhaitons désormais devenir un acteur majeur à la fois dans les projets que nous initions, mais également dans le soutien que l'on peut apporter aux initiatives externes, notamment des particuliers.

C'est là le sens de notre décision commune récente d'instaurer une aide au particulier pour installer des systèmes solaires dans l'habitat individuel, en accompagnement des financements de la région et de l'ADEME.

Mais nous avons également un devoir d'exemplarité en matière de promotion des énergies renouvelables, en menant des actions fortes sur notre propre patrimoine. À cet égard, je citerai les réflexions en cours sur les projets de solarisation des piscines de Hautepierre et de la Kibitzenau notamment, la recherche des conditions et potentialités de développement de la filière bois pour les réseaux de chaleur, la réduction de la consommation d'énergie au niveau des feux de circulation, l'emploi de matériaux écologiques et le développement de l'énergie solaire dans les nouveaux équipements publics.

Le parc de véhicules de la CUS constitue également un enjeu important. En effet, sur un total de 1 223 véhicules, toutes catégories confondues (poids lourds, utilitaires, véhicules légers), 75 véhicules poids lourds et 430 véhicules légers sont susceptibles d'être équipés d'une motorisation propre, en lien avec le respect de la loi sur l'air.

L'objectif ici est d'allier les enjeux économiques, techniques et environnementaux, c'est-à-dire acquérir systématiquement des véhicules propres lorsque cela est possible techniquement et acceptable économiquement. Concrètement, cela se traduit aujourd'hui par l'acquisition de bennes à ordures ménagères fonctionnant au diester et l'achat systématique de véhicules GPL pour les berlines et les fourgonnettes.

En terme d'échéancier et de coût, environ 10 % du parc est renouvelé chaque année, et le surcoût des véhicules propres achetés est faible par rapport à d'autres motorisations plus classiques.

La problématique des économies d'énergie revêt également pour nous une importance particulière. Celle-ci sera notamment traitée dans le cadre du programme d'action du plan local de l'habitat.

Qu'en est-il de la préservation de l'environnement ?

Un certain nombre de projets importants sont déjà en cours tels que la modernisation de l'usine d'incinération ou encore de la station d'épuration, dont les travaux de mise aux normes répondent aux nouvelles directives européennes en vue de réduire la pollution.

La station d'épuration de la Wantzenau va connaître en effet une modification profonde du traitement des boues (digestion des boues avec transformation en méthane, turbine de cogénération avec valorisation du biogaz). Par ailleurs, les travaux permettront une amélioration conséquente de la qualité des rejets, tant dans le Rhin (azote et phosphore) que dans l'air avec une modification du traitement des fumées. Enfin ce projet contribuera à la réduction des nuisances olfactives et se traduira par un investissement global de 47 millions d'euros.

Les travaux de l'usine d'incinération, pour un montant de 30 millions d'euros, concernent à la fois l'épuration des fumées (dépollution en dioxines et abaissement du seuil de rejet en oxydes d'azote), les conditions de combustion avec un appareillage de mesure et de contrôle en continu supplémentaire, et enfin l'épuration des eaux à travers des traitements complémentaires de dépollution des eaux résiduaires. Il est important de souligner que ce projet va au-delà des normes européennes en vigueur.

De la même manière, la nouvelle politique de propreté et de

gestion globale des déchets ménagers traduit un axe fort de notre politique de développement durable en intégrant tant les aspects environnementaux, sociaux, qu'économiques et avec de fortes actions de sensibilisation auprès des usagers et du milieu scolaire.

Outre la réduction des émissions polluantes de l'usine d'incinération évoquée précédemment, l'objectif poursuivi est également de réduire les tonnages incinérés. Aussi les axes principaux de cette nouvelle politique sont-ils la réduction des déchets à la source à travers le compostage individuel, et l'augmentation significative du taux de recyclage matières de 20 % à 40 %.

À ce titre, le réseau des déchetteries sera étendu avec la création de quatre nouvelles unités, ainsi que les filières de recyclage (récupération des bouchons, radiographies...). La collecte sélective du verre se traduira par une extension du parc avec maintien de la collecte en apport volontaire. Le renforcement de la collecte sélective en porte à porte des papiers, plastiques, briques et métaux tiendra compte des types d'habitat en fonction de leurs caractéristiques et de leur densité.

Enfin la collecte des déchets verts sera davantage développée en déchetterie mobile, et la mise en place d'une nouvelle collecte sélective des biodéchets fera l'objet d'un test en 2004.

Dans un autre domaine, une « politique de l'arbre » est initiée sur l'ensemble du patrimoine municipal et communautaire ; environ 63 000 arbres sont concernés par cette opération qui vise une meilleure connaissance quantitative et qualitative du patrimoine arboricole afin d'en assurer un meilleur suivi et d'améliorer les prestations qui le concernent. L'objectif ici est ainsi d'optimiser la gestion de l'ensemble de ce patrimoine, tant en termes d'entretien qu'en termes de sécurité. C'est ainsi qu'après une première phase d'inventaire-diagnostic chaque sujet se verra implanter une puce électronique qui permettra d'assurer un suivi informatisé de son état sanitaire et des travaux d'entretien réalisés.

En terme d'échéancier, cette opération est programmée sur quatre exercices budgétaires, de 2003 à 2006. Le coût total de cette opération s'élève à 1 285 000 euros. Notons enfin que ce projet novateur fera école dans l'ensemble de la profession et des collectivités locales.

D'autres pistes sont à explorer et à approfondir en matière d'environnement telles que la réduction des nuisances sonores liées aux infrastructures à travers le renforcement d'une mission « bruit » par exemple ou encore la sécurisation de la distribution de l'eau potable avec l'accroissement du nombre de champs captants.

Le troisième axe qui nous semble important de mettre en avant dans notre politique est la valorisation du patrimoine de l'agglomération, qui renvoie au traitement qualitatif des paysages tant naturels qu'urbains. La richesse patrimoniale de notre agglomération mérite en effet que l'on y accorde une attention toute particulière en conjuguant un triple objectif de développement, de préservation et de valorisation.

À ce titre, les documents d'urbanisme, à travers l'élaboration des PLU permettront le maintien de la qualité architecturale et de l'identité des centres-bourgs.

Une attention particulière devra également être portée à la qualité du mobilier urbain jalonnant les espaces publics.

Le projet des coulées vertes d'agglomération, basé sur un principe d'aménagement global et structurant à l'échelle de l'agglomération, permettra d'apporter une réponse cohérente à toute une série de préoccupations telles que la protection des zones bâties contre les risques d'inondation, la préservation des espaces naturels et de la biodiversité, la mise en valeur des cours d'eau, la demande en espaces de loisirs.

Le projet de ceinture des forts et celui de pistes cyclables allient également de multiples facettes : culturelles, historiques, paysagères, écologiques...

Enfin, l'amélioration de la qualité des cours d'eau avec la diminution des déversements dans le milieu naturel des engrais, épandages, pesticides et rejets urbains non épurés constituera également l'un de nos axes d'intervention par le biais d'actions de sensibilisation. Par ailleurs, la poursuite de l'équipement du réseau d'assainissement en matériel de mesure permettra de disposer d'informations exactes du fonctionnement de celui-ci en fonction des épisodes pluviométriques. La révision du schéma directeur d'assainissement adopté en 1993 déterminera des aménagements complémentaires (bassins par exemple) à réaliser pour limiter les rejets du réseau d'assainissement dans le milieu naturel afin d'en réduire l'impact sur celui-ci.

Autant de projets qui participent incontestablement d'une amélioration du cadre de vie pour nos habitants dans un souci de préservation et de valorisation des ressources.

Et la recherche de qualité du cadre de vie ?

Elle guide et continuera de guider le contenu de nos projets urbains, dans ses différentes composantes : transport, habitat, urbanisme, réaménagement des espaces publics.

En effet, tant la promotion des transports collectifs à travers l'extension du réseau de tramway et le projet de tram-train, ou encore la nouvelle politique dynamique du vélo qui cherche à étendre, moderniser, sécuriser et mailler davantage le réseau cyclable, que la politique de l'habitat – particulièrement son volet consacré au développement durable – que la réalisation de nouveaux quartiers selon des principes de qualité environnementale participent de cette volonté d'améliorer encore davantage le mieux-vivre dans notre agglomération. Politique de l'habitat, le nouveau PLH s'inscrit dans le cadre du développement durable.

Soulignons enfin notre volonté de mettre en œuvre une politique de résorption des points noirs dans les paysages urbains en lien avec la requalification plus globale des entrées de ville.

Qu'en est-il de vos actions de sensibilisation ?

Afin d'animer ce plan d'objectifs dans la durée, une convention de partenariat est envisagée dans un second temps qui pourrait donner lieu à une signature conjointe avec nos partenaires principaux. Celle-ci formaliserait des engagements réciproques autour d'objectifs communs relevant du développement durable et écologiquement soutenable. Elle pourrait réunir les collectivités territoriales (conseil régional et conseil général), des prestataires de services (EDF, GDF), des chambres consulaires (CCI), les fédérations nationales du bâtiment et des travaux publics et enfin l'ADEME.

Notre politique de développement durable, déclinée ici sur le territoire communautaire, cherche à s'inscrire dans un double mouvement.

Tout d'abord, en appui des réflexions menées au niveau national d'une part, où le ministère de l'Écologie travaille actuellement à l'élaboration d'une Charte de l'environnement qui serait adossée à la Constitution et qui porterait sur un principe fondamental du droit à un environnement protégé et au développement durable.

Ensuite, localement, en incitant chacun des maires des communes membres, dans les compétences qui leur sont propres, à promouvoir et à mettre en œuvre des actions en faveur de l'environnement.

À ce titre, la ville de Strasbourg plus particulièrement initie un certain nombre d'actions et de projets en la matière.

Dans le cadre des interventions sur le patrimoine scolaire est intégrée une réflexion sur une politique environnementale. D'une part, les travaux de mise à niveau en matière de sécurité, la faisabilité d'introduire des économies d'énergie sera étudiée selon la nature des travaux à entreprendre : chauffage, électricité, éclairage...

D'autre part, à l'occasion de restructurations plus importantes (restructurations patrimoniales ou fonctionnelles), une approche en termes de qualité environnementale et de réduction globale de la consommation énergétique sera mise en œuvre. Les cibles privilégiées sont les suivantes :

– le volet énergétique avec la recherche d'économies d'énergie sur la base d'un bilan de la consommation énergétique actuelle et l'introduction d'énergies renouvelables lors de la création ou de l'extension d'une cantine par exemple ;

– la gestion de l'eau avec une réflexion particulière autour des circuits de récupération d'eau ;

– la gestion des déchets et particulièrement des déchets de chantier ;

– la qualité du confort intérieur, en portant une attention particulière à la qualité de l'air dans le choix des matériaux (peintures et revêtements de sols évitant les rejets de poussière et les réactions allergiques), et à la qualité acoustique et phonique.

Dans le domaine des projets urbains cette fois, citons les projets de réaménagement de la place Kléber et de la place de la Gare dans le sens d'une meilleure fonctionnalité d'une part et de plus grande convivialité d'autre part.

Sur le thème de la valorisation du patrimoine paysager et urbain de l'agglomération, la ville vient d'élargir son champ d'intervention financière au profit de la valorisation du patrimoine privé dégradé. En effet, un fonds d'aide exceptionnelle à la valorisation et la sauvegarde d'immeubles remarquables pour leur intérêt architectural, urbain ou historique et appartenant de ce fait au patrimoine collectif strasbourgeois vient d'être adopté à hauteur de 20 % du montant des travaux subventionnables, avec un plafond de 11 450 euros.

Cette participation de la collectivité interviendra pour des immeubles implantés dans un environnement de qualité, à savoir dans un secteur d'un rayon de 500 m autour d'un immeuble classé ou inscrit à l'Inventaire supplémentaire des Monuments historiques, des maisons à pans de bois, y compris leurs dépendances, construites avant 1900, des immeubles touchés par des désordres majeurs nécessitant une restauration lourde ou une opération de démontage-reconstruction, afin de privilégier le principe de sauvegarde et non celui de démolition.

Autant de projets et d'actions concrètes guidés par un souci de préservation de l'environnement et des ressources naturelles, et par celui d'œuvrer toujours davantage en faveur d'un cadre de vie de qualité.

Votre statut de ville européenne est-il bénéfique pour l'activité économique et le développement de l'emploi ?

Notre statut de ville européenne et internationale est l'un des atouts majeurs de notre ville et conditionne fortement sa prospérité économique. Il va sans dire qu'il ne faut pas oublier pour autant que notre ville, comme toutes les grandes métropoles, cumule richesse et poches de pauvreté. Nous nous devons donc de préserver cet héritage européen. C'est la raison de notre combat pour conforter Strasbourg comme siège du Parlement européen, comme capitale de la démocratie européenne. Comme Pierre Pflimlin le fit, il y a quelques décennies, nous nous attachons à préserver des espaces pour l'élargissement futur des institutions européennes, dont la présence en termes de retombées économiques est loin d'être négligeable. Nous avons la chance, de surcroît, contrairement à Bruxelles, que ces espaces soit situés dans un environnement remarquable et nous veillerons à ce que les parti pris architecturaux soient toujours de très grande qualité. Des amorces de la mutation du quartier du Wacken (destiné à devenir le quartier européen) commencent déjà à être visibles. Nos projets respectent totalement ces engagements et visent par ailleurs à raccrocher davantage ce quartier (et donc l'Europe) à la ville tout entière.

Ce statut de capitale européenne continue également de séduire nombre d'entreprises nationales et internationales, qui ont choisi notre ville comme siège social. Nous nous efforçons, par conséquent, de préserver cet atout en facilitant l'installation de nouvelles entreprises et de leurs employés.

Au-delà du rayonnement du quartier européen, d'importants équipements culturels, des espaces d'activité économique et commerciale, d'habitat, vont s'articuler autour d'un grand projet d'agglomération qui mettra le territoire en mouvement sur un axe est-ouest. Cet axe, qui va de la porte de France à la frontière avec l'Allemagne, constitue la colonne vertébrale de notre grand projet d'agglomération. Un fort potentiel foncier, un environnement privilégié, où l'eau a enfin toute sa place, lui confèrent des possibilités extrêmement séduisantes en termes de développement d'activités économiques et commerciales, mais aussi culturelles et de renforcement de l'offre de logements.

Il ne faut pas non plus négliger le fort potentiel de retombées sur l'emploi qu'offrent les nombreux projets que nous avons initiés, en particulier pour les entreprises du BTP et pour le tertiaire. En effet, la commande publique reste un moteur essentiel pour l'emploi, et à cet égard celles de la ville et de la communauté urbaine sont extrêmement importantes pour générer de la richesse qui profite, à terme, au plus grand nombre.

La ville de Strasbourg s'est-elle engagée dans des opérations de coopération Nord-Sud et de lutte contre les menaces globales (effet de serre par exemple) ?

La ville et la communauté urbaine ont développé depuis 1986 des relations de coopération décentralisée avec différentes régions du monde.

Les deux collectivités sont membres depuis 1991 de l'Institut régional de coopération développement Alsace avec lequel elles travaillent en étroite collaboration. C'est dans ce cadre que des relations se sont mises en place avec la communauté urbaine de Douala (Cameroun), deux communes de Côte-d'Ivoire (Bingerville et Bongouanou) et Jacmel en Haïti, depuis 1995. Cette coopération se traduit par l'appui à la mise en œuvre et au financement de plusieurs projets de développement, notamment en milieu rural (silo à grains, adduction d'eau). Le contexte international très difficile qui prévaut en Haïti rend difficile nos actions dans cette région du monde. Étant toutefois l'une des rares collectivités françaises actives en Haïti, Strasbourg poursuit son action et a entrepris un travail en réseau avec le département de la Savoie et la ville de Suresnes sur l'élaboration d'un programme de formation qui devrait débuter avant la fin de l'année 2003.

En Côte-d'Ivoire, depuis 1993, nos efforts ont essentiellement porté sur le projet de réhabilitation du jardin botanique de Bingerville, classé patrimoine mondial de l'Unesco, auquel la ville et la communauté urbaine de Strasbourg ont apporté leur soutien technique et leur savoir-faire en matière de parcs urbains (plusieurs missions du responsable espaces verts de la ville). À Bongouanou, la coopération décentralisée s'est traduite par quelques réalisations et infrastructures pour la commune (briqueterie et cimetière municipaux, gare routière, par exemple). Plus récemment, les efforts ont porté sur la mise en place d'un fonds pour la promotion de la petite entreprise agricole, artisanale et commerciale.

Le contexte extrêmement tendu et incertain qui règne dans ce pays nous invite à la prudence et a conduit pour le moment au gel de nos actions.

À Douala (Cameroun), les actions et échanges ont été nombreux et fructueux entre 1986 et 1992. Ils ont notamment conduit à la création de la communauté urbaine de Douala. Depuis 2001, les échanges ont repris de façon ponctuelle en appui à une coopération menée par une commune de la communauté urbaine de Strasbourg (Lingolsheim). Nous envisageons un partenariat avec les hôpitaux de Strasbourg sur la prévention du sida.

BERNARD MURAT

Maire de Brive-la-Gaillarde

UNE MANIÈRE DE VIVRE AU QUOTIDIEN

Quelle est votre définition du développement durable ?

C'est une question que je me suis posée longtemps, parce que c'est devenu un mot à la mode, et c'est vrai que pendant des années la définition était un peu incertaine. Il faut préciser que le développement durable est en fin de compte un développement lié à l'environnement. Pour moi, c'est un développement durable dans le sens où ça met en évidence le maintien et la pérennisation de la protection de l'environnement d'une manière durable.

Mais que veut dire protection de l'environnement pour la ville de Brive ?

Au premier degré, si vous voulez, l'environnement c'est le cadre de vie. Donc ce sont les espaces verts, la lutte contre la pollution, le problème par rapport aux zones inondables, et tout ce qui précède au développement économique, c'est-à-dire les pics de pollution, les zones Seveso, et à Brive on a tout ça... Nous sommes dans un pays vert, et il se trouve que Brive est quand même une ville industrielle et nous avons donc une grande exigence par rapport à l'environnement.

Et au deuxième degré, l'environnement c'est la qualité de vie avec un développement économique à dimension humaine.

Quand vous dites zones économiques à taille humaine, pouvez-vous nous donner des exemples ?

Brive, c'est la Corrèze du sud, en bordure du Lot et de la Dordogne, c'est une particularité de notre territoire, parce que nous

179

sommes réellement ouverts vers le Sud-Ouest, vers la région Midi-Pyrénées, mais aussi vers l'Atlantique. Ce qui d'ailleurs, aujourd'hui, pose problème car le rapprochement serait plutôt entre le Limousin et l'Auvergne... Il y a des discussions à ce niveau. Au niveau économique à Brive, vous avez de l'agro-alimentaire, qui est le poids lourd puisque l'agriculture est la première économie de la Corrèze, et vous avez la mécanique, l'électronique, puis le tertiaire bien sûr et la logistique. Nous avons la chance d'être à un croisement autoroutier puisque les autoroutes A89 et A20, axes majeurs de l'Europe du Nord vers le Sud et le passage atlantique vers l'Est, sont proches de Brive. Nous envisageons d'ailleurs de construire un aéroport qui puisse accueillir les gros porteurs.

Comment en êtes-vous venu à la protection de l'environnement ?

Je crois que les Corréziens, dans leurs gènes, sont tous des protecteurs de l'environnement. Nous sommes tous des fils de paysan ou petits-fils de paysan. Donc je dirais que l'environnement, on est nés avec cette notion-là. Avant mes responsabilités politiques, j'étais chef d'entreprise ; je travaillais au niveau international, et on se rend vite compte que les déséquilibres environnementaux, que ce soit au niveau de l'eau, de l'air, des territoires, sont de plus en plus importants. La mondialisation nous montre tous les jours ses dégâts dans le domaine de l'environnement... Quand on commence à parler de ces problèmes, il faut aussi aborder les retombées économiques des industries qui vivent de l'environnement. La ville de Brive et la Corrèze ne sont pas trop menacées par les problèmes environnementaux... Mais je suis maire depuis 1995 et à Brive j'ai constaté qu'il y a des pics de pollution : alors on a mis des capteurs de surveillance de la qualité de l'air ; on s'est rendu compte également qu'il y avait du plomb dans l'eau, même en Corrèze... et toutes ces données m'ont interpellé.

Je me suis rendu compte que l'environnement prenait une grande importance. On est un pays privilégié mais, si on ne se préoccupe pas de l'environnement aujourd'hui, la qualité de vie sur notre territoire ne sera pas durable. Quand j'arrive le matin, dans mon bureau à la mairie, je vois l'église Saint-Martin, j'ai été baptisé là, je serai enterré là, et je me dis toujours que plus tard je voudrais que mes petits-enfants ou mes arrière-petits-enfants puissent dire que nous avons fait en sorte de transmettre des valeurs essentielles à notre ville pour qu'elle reste toujours aussi agréable... C'est peu de chose mais c'est peut-être ça le développement durable d'une région.

L'aspect touristique est-il le facteur majeur de votre développement durable ?

Le tourisme est effectivement un point fort de notre pays. Il ne faut pas oublier que nous sommes mitoyens de territoires très touristiques comme le Périgord ou le Quercy, avec des sites extraordinaires comme Rocamadour ou Lascaux... Et la Corrèze elle-même a des sites tout à fait extraordinaires, en particulier les barrages ou Collonges, qui est le plus beau village de France... C'est vrai que le tourisme est un peu notre pétrole vert. Mais, dans ce domaine-là, que recherchent les gens qui viennent dans notre belle région ? C'est la qualité de la vie, l'espace, l'authenticité des Corréziens.

Donc il est vrai que le souci de préserver notre environnement est directement lié à l'obligation du développement économique. J'ajoute que, par rapport à l'environnement, nous avons aussi le poids de l'agriculture, avec tous les problèmes entre le développement de l'agriculture et de l'élevage et les problèmes environnementaux.

Avez-vous des liens privilégiés avec le monde agricole pour tenter de résoudre ces problèmes ?

Oui. Brive est la plus grande ferme de Corrèze... On y fait beaucoup de manifestations agricoles : c'est le berceau du veau de lait, un produit exceptionnel ; il y a des productions de fruits, de légumes : « Rappelez-vous : mangez des pommes ! »... L'agro-alimentaire est très important puisque l'on a une des plus grosses usines d'aliments pour bébés comme Blédina et il faut que l'approvisionnement en matières premières soit d'une qualité parfaite. Il est vrai que le monde agricole, en Corrèze, a le souci à la fois de développer son économie en matière d'agriculture et d'élevage mais sans négliger le patrimoine environnemental et le tourisme qui sont des atouts considérables. Il y a beaucoup d'innovations, notamment avec les gîtes à la ferme, les visites, la sensibilisation des touristes à la qualité alimentaire de la Corrèze, la traçabilité, tous ces problèmes qu'on connaît bien aujourd'hui... Et d'ailleurs, même quand il y a eu la crise de la vache folle, des régions comme les nôtres ont été un peu privilégiées grâce, pour notre part, à nos savoir-faire...

Croyez-vous que les citoyens de la ville de Brive peuvent être sensibilisés par des concepts aussi généraux que le développement durable et l'Agenda 21 ?

C'est mon credo. Je crois que le problème aujourd'hui du monde politique est sa pratique d'une langue hermétique pour l'électeur de base. Et ça va très loin : même en ce qui concerne l'accent ! Il y a des collègues qui travaillent leur accent parce qu'ils considèrent que parler avec l'accent du Midi ça peut nuire à leur audience dans les médias nationaux. Je crois que c'est l'inverse. Moi, comme mes ambitions sont d'abord en Corrèze, j'essaie de continuer à parler comme j'ai toujours parlé, et de faire en sorte d'employer des mots simples pour expliquer des concepts qui sont parfois compliqués. Mais encore une fois, en Corrèze, quand on parle de l'environnement, c'est comme M. Jourdain... l'environnement, même pour n'importe quel paysan – paysan est un mot que j'aime bien –, est une manière de vivre, une sorte de respect pour la nature mais aussi pour l'autre. Et je crois qu'éventuellement ce serait bien de mettre un paysan, de temps en temps, au ministère de l'Écologie et du Développement durable...

Sentez-vous que les sénateurs qui vous entourent sont de plus en plus sensibilisés par ces concepts d'environnement et de développement durable ?

Ça monte en puissance, et pour deux raisons. La première est que c'est l'un des sujets principaux débattus au niveau mondial, avec toutes les conséquences pour l'Europe... C'est quelque chose de très présent dans les médias et dans les mentalités. Et deuxièmement, il y a un volet économique qui fait que, lorsqu'on prépare un plan pluriannuel d'investissements pour une ville, sur cinq ans ou sur dix ans, on est obligé de tenir compte non seulement de ces investissements mais aussi des frais de fonctionnement. Le pire, ce sont les frais de fonctionnement. Pour l'investissement, on trouve toujours de l'argent. Mais le fonctionnement, c'est récurrent chaque année, et ça va toujours en augmentant. Donc, effectivement de ce point de vue-là, c'est une préoccupation de tous les élus responsables d'une collectivité locale, et il y a beaucoup de sénateurs.

Vous semblez pessimiste, monsieur le maire ?

Oh non ! Si j'étais pessimiste, je ne me serais pas représenté aux municipales. Je crois être objectif. C'est amusant, un journaliste m'a posé la même question hier, et j'ai répondu que j'étais un sceptique optimiste. Mais je crois que c'est un peu dans ma philosophie, et que je vois les choses telles qu'elles sont et non pas telles que je souhaiterais qu'elles soient. Mais il est vrai qu'aujourd'hui, avec les problèmes économiques de la France, la baisse de la croissance, les coupes sombres budgétaires qui sont obligatoires et qu'on peut comprendre, il est difficile de revitaliser les petites régions.

Aujourd'hui, c'est tellement compliqué pour un maire de se battre pour chaque dossier, d'aller pleurer la moindre subvention, ce n'est pas que je suis pessimiste, mais je trouve que les choses deviennent de plus en plus difficiles et il est vrai que les Français sont devenus des consommateurs. Ils veulent tout et, quand ils viennent à l'accueil de la mairie, il y a un décalage énorme entre leurs demandes et ce que nous pouvons leur apporter immédiatement.

Que diriez-vous justement à vos enfants, petits-enfants, aux générations futures pour préserver la Terre, l'environnement ? Quels seraient vos doutes, vos grands espoirs, le message à leur laisser ?

Je crois aujourd'hui à une chose très simple : on a la chance de vivre dans un département extraordinaire qui s'appelle la Corrèze où justement l'environnement est à la porte de chaque maison. On a la chance d'avoir un territoire unique et il faut le préserver. Autrefois, mes grands-parents n'auraient jamais pensé qu'un jour il y ait une route qui passe dans leur champ, et aujourd'hui ce sont des réalités... Je dis toujours qu'il y a deux façons de faire de la politique : il y a ceux qui jouent au poker menteur et ceux qui jouent aux échecs : de jouer avec des coups d'avance. Un élu doit maintenant jouer aux échecs. Et, s'il n'y a pas une volonté vraiment politique au sommet de l'État, de faire en sorte qu'il y ait une vision égalitaire des moyens pour un environnement durable du Limousin. Je crois qu'à terme il y aura des territoires qui continueront à s'appauvrir, à se désertifier, des territoires où il n'y aura plus de paysans, et je ne suis pas persuadé que l'environnement va y gagner... Parce que, en fin de compte, les premiers protecteurs de l'environnement, ce sont d'abord nos paysans.

JACQUES PÉLISSARD

Maire de Lons-le-Saunier

DE LA CONCERTATION À LA DÉCISION POLITIQUE

Pour un maire comme vous, Jacques Pelissart, c'est quoi le développement durable ? Une brève définition.

C'est l'organisation de l'avenir de sa ville, en respectant les fameux trois piliers que sont la protection de l'environnement, le développement économique et la prise en compte des besoins et des attentes sociaux. Donc, c'est bien une projection dans l'avenir, avec ces trois préoccupations conjuguées.

Est-ce que c'est également une manière de mieux gérer sa ville ?

C'est effectivement un concept de management, si ce n'est que les résultats ne sont pas mesurés de la même façon. Les résultats, on les mesure en termes d'activité économique, en termes de confiance de la population, en termes de résultats électoraux – ça compte. Une entreprise n'a pas ce type de mesure de ses résultats. Et cela permet effectivement d'avoir un véritable management environnemental dans la durée. On ne peut pas faire d'action environnementale et de développement durable dans le court terme : on ne fait pas de coups en matière de développement durable, on doit s'inscrire forcément dans la durée.

Vous êtes parti d'abord d'un concept déchets-meilleure gestion de l'eau et des déchets, et vous en êtes arrivé maintenant au concept plus large de développement durable ?

Tout est venu par hasard. Quand j'ai pris la responsabilité de la ville de Lons-le-Saunier, j'ai découvert dans les dossiers de mon prédécesseur, que je venais de battre, un dossier de construction d'une usine d'incinération pour incinérer tous les déchets du département. Et, effectivement, le problème se posait du traitement des déchets. J'ai considéré à l'époque, avec l'appui d'un de mes adjoints, qui était un vert, qui avait été la tête de liste des verts au premier tour de l'élection, que ce n'était pas une bonne formule, et qu'il fallait effectivement préserver la ressource, qu'il fallait avoir une approche plus respectueuse, précisément, de l'environnement.

Et nous avons réfléchi, c'était en 1989 : à l'époque on ne parlait pas encore d'éco-emballage, de décrets Lalonde... Et nous sommes arrivés à l'idée qu'il fallait conjuguer les filières, qu'il n'y avait pas une filière unique, miraculeuse, qui réglait tout, qu'il ne fallait pas faire que du tri, ou que de l'incinération ou que de la mise en décharge, qu'il fallait donc associer ces filières. C'est donc par cette confrontation à la réalité que nous avons conçu, dès 1990, ce système d'association des filières, que nous avons mises en place dans le Jura : la première unité, à l'échelle d'un département, de collecte sélective, de tris, d'incinération des résidus des tris, incinération pour les minéraliser, pour les réduire en volume, avant de les mettre en décharge.

Ceci nous a vraiment plongés, d'une manière très, très forte, dans la problématique environnementale. Je me suis aperçu, au fil du développement de la politique de la ville, que tout était lié : que la protection de l'environnement ne se divisait pas, et que quand on traitait bien des problèmes de déchets, on avait moins de problèmes de pollution d'eau, et que quand on avait une bonne eau on avait moins de déchets. Et c'est ainsi que nous avons mis en place un dispositif, à l'époque très novateur, très contractuel, de développement durable, en matière de protection de nos nappes phréatiques.

La ville de Lons est alimentée par des sources qui viennent de la montagne du Jura ; et pour les deux tiers, pour la grosse partie de l'alimentation de la ville, nous pompons dans la nappe phréatique de la Bresse. Et au-dessus de cette nappe phréatique se trouve une plaine alluviale, qui était une plaine avec des cultures de maïs, une utilisation intensive de ce qu'on appelle des intrants, des nitrates, des pesticides, etc. Et nous avons, dès 1990, donc tout de suite, lancé une politique qui consistait à négocier avec les agriculteurs une maîtrise raisonnée de leurs pratiques culturales.

Et nous l'avons négociée avec des contrats, bien sûr, mais aussi avec des engagements de résultats, et avec la part de la ville un financement des efforts dus à des moindres rendements qu'ils avaient sur les terres ainsi visées par la pratique contractuelle de la mise en place.

Et on s'est aperçu, mais on le savait déjà, qu'à partir du moment où l'eau de Lons était de bonne qualité, et de bonne potabilité – le contrôle de la Dass en particulier, et ceux que nous faisons nous-mêmes montrent la superbe qualité de l'eau de Lons –, que donc quand l'eau était de bonne qualité on avait moins d'eau en bouteilles ; ayant moins d'eau en bouteilles, on avait moins de déchets, et que la boucle était bouclée. Et donc les choses étaient intimement liées. Et quand on a vie sur un des volets, donc de la protection de l'environnement, on en retrouve les effets bénéfiques sur d'autres pans.

C'est une grande première de concertation durable, qu'une ville aide les agriculteurs à se reconvertir en agriculture raisonnée.

Exactement. En 1990, c'est ce qu'on a fait, et à l'époque on a été très novateurs. Depuis, on a été largement, et tant mieux pour l'environnement, copiés, régulièrement, dans notre secteur du territoire national. Et je crois que c'était une bonne démarche, qui s'est accompagnée du volet social, dans la mesure où tout cela ne peut vivre que dans le cadre d'une véritable démocratie participative, en associant les partenaires ; régulièrement nous faisons le point avec les agriculteurs, avec la chambre d'agriculture, qui est un peu l'interface, sur l'état de notre situation en termes de pollution... Nous faisons des analyses régulières. En termes un petit peu visuels, nous avions autrefois des espèces de pics de pollution, d'intrants, de pesticides, en particulier d'atrazine, qui constituent pratiquement des gratte-ciel... Aujourd'hui, petit à petit, on est revenus à des petits blocs, qui ne sont que des maisons de type pavillonnaire. On a donc eu une baisse de ces intrants, et on a largement communiqué aux agriculteurs, et avec les agriculteurs, sur les résultats auxquels nous étions ensemble parvenus.

Il y a donc bien les différents volets : le volet économique, on finance ; le volet environnemental, on a le résultat en termes de protection de l'environnement ; et il y a la démarche participative, partenariale. Je crois qu'aujourd'hui, dans le domaine environnemental, c'est très net, on ne peut pas agir tout seul. On ne peut le faire que dans le cadre partenarial. Ça vaut au niveau local. Ça vaut aussi au niveau national.

Comment pouvez-vous motiver les habitants, les électeurs, les gens qui vivent dans votre cité ?

On les a beaucoup motivés sur des actions précises, concrètes. Sur le tri, par exemple. Quand nous avons commencé le tri, en 90-91, en testant d'abord dans certains quartiers, les quartiers pavillonnaires et ensuite des immeubles HLM, on a expliqué le geste du tri, et on a expliqué ce geste du jeter intelligent qui consiste à faire de chaque habitant l'un des maillons d'une chaîne d'ensemble.

Ça n'a pas été facile tous les jours. On a fait là aussi de l'explication quartier par quartier, parfois même immeuble par immeuble. Il fallait changer la culture de nos concitoyens par rapport aux déchets.

Je me souviens, une des premières réunions de quartier qu'on a faites, en montrant qu'il y avait deux bacs, un bac bleu pour les déchets recyclables, un bac gris pour les déchets résiduels, qui partaient donc à l'incinération, et on expliquait qu'il fallait jeter tels produits dans l'un et tels produits dans l'autre. Et il y a une vieille dame qui m'a dit : Mais vous nous prenez pour *vos* esclaves, vous nous faites trier *vos* déchets ! Et on lui a dit : Mais, madame, ce ne sont pas nos déchets, ce sont les vôtres !, on vous demande simplement d'être l'une des pierres de l'édifice qui consiste, précisément, à avoir ensemble une démarche solidaire et une démarche citoyenne. Et ça c'est bien passé. Aujourd'hui, les gens du troisième âge sont les plus motivés et ceux chez lesquels on a le meilleur taux d'efficacité en termes de qualité du tri.

Ce qui a été du tri a été important, de ces actions de communication, de pédagogie, où le maire et les élus locaux ont un vrai rôle. Et ça permet aussi, et ça a été dit souvent, et je peux porter témoignage chez moi, un véritable rôle de ciment social. Il y a des immeubles où les gens ne se parlaient pas, en particulier dans les immeubles où il y a une rotation importante de familles, sociales en particulier : ils ne se parlaient pas, et ils se sont mis à parler à l'occasion du tri, en comparant, en se donnant des éléments de renseignements ou de conseils sur le tri : Qu'est-ce qu'on fait de ça ? C'est un élément de débat, de discussion, et donc de citoyenneté entre eux.

Que pensez-vous de la mise en place des Agenda 21 ?
Oui. C'est un concept d'affichage. Je vais être très franc avec vous : à Lons, il n'y a pas d'Agenda 21. Parce que je pense qu'on a une approche concrète, par thèmes, déjà déclinés notamment au niveau déchets, à l'eau ; on a maintenant au niveau de l'intercommunalité une chartre de l'environnement qui est en gestation, en cours de préparation ; et l'ensemble de ces outils, à eux seuls, sont plus efficaces que l'agenda lui-même. L'Agenda, c'est une démarche qui est plus médiatique que concrète.

Vous seriez prêt à ce que Lons-le-Saunier soit observé par un organisme extérieur ?
Oui. Nous avons d'ailleurs enclenché la procédure, au niveau non pas de la ville mais du syndicat départemental des ordures ménagères, donc le Sydom du Jura, que je préside, procédure 14 001. Je crois que c'est une bonne démarche. Sur tout domaine et en tout domaine : déchets, mais aussi dans d'autres domaines. Je vais vous donner un exemple précis : j'ai réussi à convaincre madame Bachelot, ministre de l'Écologie et du développement durable, par exemple d'appliquer une TGAP différenciée en fonction de la qualité des installations, les installations étant elles-mêmes jugées en fonction ou non de leur certification. Et dans la loi de finances, nous avons effectivement aujourd'hui une TGAP différenciée en fonction de la certification ou non.

Sur d'autres registres, on peut, à mon sens, s'engager sur cette voie de la certification, qui est la voie d'un pari sur la responsabilité, l'autoresponsabilité de la structure. Ce qui devrait d'ailleurs, au passage et par contrecoup, libérer l'État de certains contrôles. En matière par exemple de contrôles de légalité. Toutes les communes de France sont contrôlées au niveau de leurs délibérations. Pourquoi ne pas envisager qu'une commune puisse, par la qualité de ses services, par l'organisation des procédures, par la pertinence des personnels que constituent ses agents, être certifiée ? Ce ne sera pas 14 001, ce sera une autre numérotation de certification. Une commune ainsi certifiée pourrait effectivement être l'objet d'un rapport de confiance de la part de l'État, et non pas de ce contrôle de légalité qui est, effectivement, un vrai carcan et pour les communes et pour l'État.

Vous êtes le premier vice-président de l'AMF, l'Association des maires de France. On dit très souvent que les communes en France ont du retard par cette sensibilisation, Agenda 21 ou développement durable : est-ce que vous sentez vraiment maintenant que le moment est venu ?

Je peux vous dire qu'en dix ans on a vu monter de façon extrêmement constante un vrai souci, une véritable préoccupation environnementale de tous les maires de France. En matière de déchets, c'est très net, très vrai. En matière d'eau aussi. En matière de qualité des paysages, également. Sur le volet social, en matière de participation et d'écoute des habitants dans le cadre d'une démocratie participative, on n'a pas attendu la loi démocratie pour... de proximité, pour faire des réunions de quartier et être à l'écoute des habitants. Il me semble que l'essence du rôle éthique du maire est précisément d'être à l'écoute des habitants. On ne peut plus être le maire de droit divin qui gère seul. On gère avec une équipe, au sein de laquelle il faut dégager des consensus, et on gère avec une population qu'il faut informer, avec laquelle il faut engager une concertation, qu'il faut parfois convaincre. On ne la convainc pas toujours. Et le maire qui a effectivement au fond de sa conscience, et sa conscience il en est juge, la vision qu'il a de son avenir, l'avenir de sa ville, à un moment il doit prendre ses responsabilités.

Donc information, concertation, bien sûr, oui, c'est une nécessité de la démocratie d'aujourd'hui ; mais à un moment il faut décider. Et la décision est politique. Et c'est le maire et son équipe qui en ont la responsabilité.

Mais cette notion de développement durable peut accroître cette notion de responsabilité pour le maire, qui va se retrouver en première ligne lorsqu'il y aura un problème de pollution des sols par exemple, pollution de nappes phréatiques.

Oui. Beaucoup de maires ont peur. Il nous appartient, au niveau de l'Association des maires de France, au niveau du parlement, de porter un certain nombre d'outils juridiques qui permettront d'avoir plusieurs réponses. Aujourd'hui, on est en train de préparer la loi en première lecture à l'Assemblée nationale sur les risques techniques, technologiques et naturels majeurs. Toute une série d'outils, maintenant, vont pouvoir être ouverts aux maires, pour être effectivement mieux équipés, pour faire face à des risques, qu'ils soient en matière d'inondation, en matière de risques technologiques. Aujourd'hui, sur les sols pollués, le maire est complètement désarmé. Je pense qu'il faut effectivement, non pas tout seul mais là encore d'une façon partenariale, en conjuguant la responsabilité du maire et des pouvoirs – les pouvoirs du maire et du préfet –, lui donner des éléments de contrôle des entreprises, de fidélisation des entreprises, qui parfois sont des opérations qui permettent à une entreprise de fidéliser une société, de la laisser sans moyens financiers, avec donc une pollution à la charge de l'État ou de la collectivité locale...

Est-ce qu'à travers ce concept de développement durable, c'est comme pour les chefs d'entreprise, à travers les maires, est-ce qu'on ne va pour vous pas trop, trop loin? Les chefs d'entreprise ou les maires ont déjà tellement de choses à réguler!

Non, le concept ne nous oblige à rien sur le plan quantitatif. Il est une sorte d'ardente obligation pour les maires d'agir sur les trois fameux piliers sur lesquels je ne reviens pas, mais il ne nous donne pas d'objectifs quantitatifs. C'est à chaque maire de prendre à bras-le-corps les sujets qui lui paraissent les plus importants pour sa collectivité. Il y a un sondage qui avait été fait, qui dit que les maires qui ont géré correctement les déchets, par exemple, sont ceux qui en général ont la réélection la plus facile, ce qui est un bon signe, et qui sont en général ceux dans la commune desquels les habitants ont le comportement le plus respectueux de l'environnement. Quand des habitants gèrent leurs déchets en faisant un tri, ils n'ont pas l'idée de balancer des papiers, ou moins qu'ailleurs, dans la rue. Il y a vraiment une conjonction gestion des déchets, par exemple, et comportement civique de la population.

Quand on vous écoute, et ce n'est pas un hasard, 90 % de votre discours à travers ce concept de développement durable, vous insistez beaucoup, beaucoup, sur les problèmes d'environnement... Est-ce que pour vous ce concept de développement durable est avant tout, encore une fois, la problématique de la gestion des déchets, de l'eau, de bruit, des transports...

C'est deux choses. C'est effectivement la gestion de problèmes concrets, parce qu'on ne peut intéresser, motiver nos concitoyens que sur des constatations concrètes. Si on les fait phraser et philosopher sur le développement durable, on ne répondra pas à leur attente. Donc les problèmes concrets, les gestions, les politiques concrètes sont une nécessité sur les problématiques de déchets, d'eau, en particulier. Et de qualité de l'air également. De qualité de paysage aussi.

Mais, deuxième pilier qui me paraît important : l'économique est moins dans notre ligne de mire à nous, élus locaux. Et le deuxième pilier est la démocratie participative. Je suis persuadé qu'aujourd'hui on ne peut plus gérer une commune comme on la gérait il y a quelques années, il y a 5 ou 10 ans. À l'époque, le maire était celui qui décidait, le conseil municipal savait ce qu'il fallait faire ; aujourd'hui, on sait toujours, mais on sait ayant été éclairé, éventuellement ajusté dans nos réflexions et dans nos projets par le contact et l'écoute de la population. Mais avec la bonne distinction entre la concertation, qui implique la population, et la décision. Mais sur un projet, on peut effectivement porter une idée, porter un message, porter une vision de sa ville, et l'ajuster en fonction des attentes de la population.

Est-ce que ce concept est un outil de cohésion nationale, sociale ? Est-ce qu'à la fois on revient à l'AMF ? Est-ce qu'à la fois vous pensez que, sous ce concept, des équipes de droite,

des équipes de gauche, par rapport à ce concept très fort de meilleure gestion, peuvent être toutes d'accord, en fait ?

Je pense qu'effectivement ça doit être un concept fédérateur, un concept rassembleur. Et je vais montrer par un exemple que c'est une réalité.

Autour de Lons, il y a 17 communes qui, avec Lons, constituent une communauté de communes, donc à 18 communes. Et c'est au sein de la communauté de communes qu'on gère maintenant les problèmes de voirie, les problèmes d'environnement, de développement économique, de piscines, etc. Et au sein de cette communauté de communes, le bureau que je préside est constitué d'élus de toutes tendances politiques. Sur ces questions de développement durable, en matière environnementale, économique et sociale, on se rassemble.

Je pense donc que c'est un élément qui permet de gommer des approches partisanes, politiciennes, parfois totalement surannées. Et je crois que pour la démocratie de proximité c'est effectivement un adjuvant considérable.

Est-ce que l'homme, en tant que maire et élu, mais l'homme dans la vie de tous les jours, par rapport à ce qui se passe, est optimiste, pessimiste sur l'avenir de la planète des générations futures ?

Je vais expliquer pourquoi. Si on n'est pas optimiste, d'ailleurs, on n'est pas élu. Parce que, pourquoi est-ce qu'on se fait élire, pourquoi est-ce qu'on demande la confiance de nos concitoyens ? On la demande, et on l'obtient, puisqu'on veut être élu, parce qu'on porte un projet, et que ce projet est fondé sur la raison de nos concitoyens. Je suis persuadé que nos concitoyens sont des gens intelligents, et qu'on peut les convaincre, qu'on peut leur expliquer, qu'on peut les amener. Parfois il y a des tensions. Sur ma ville, sur l'ensemble du centre-ville de Lons, j'ai complètement rénové la place, qui est la place centrale, la place commerciale, qui était un parking à ciel ouvert, qui était effroyable... Pendant neuf mois, je me suis battu avec les commerçants, qui disaient : Vous allez nous faire mourir. Je leur ai dit : Non, je vous assure, c'est la bonne chose à faire, il faut rénover cette place, donc supprimer les voitures, les

enterrer, mettre des fontaines, avoir une démarche de place piéton-
nière, etc. J'ai tenu bon. Un de mes adjoints m'avait dit à l'époque :
On te suit parce qu'on te fait confiance, mais tu nous mènes au
casse-pipe, on va en prendre plein la figure aux élections de 2001.
Et donc on a fait les travaux contre les commerçants. Pourtant la
concertation avait été menée, mais à un moment la décision nous
l'avons prise et j'ai assumé cette décision. Et on a fini les travaux
début 2000. Quelques semaines après, quelques mois après, parce
qu'il a fallu que les gens s'approprient la place, les commerçants
sont venus en délégation me dire : On avait tort, il fallait la faire,
on n'a jamais fait de chiffre d'affaires pareil...

Donc, si vous voulez, c'est une démarche là aussi partenariale, et
la raison l'a emporté. Je pense que quand on travaille la matière
humaine, quand on travaille avec des interlocuteurs qui sont des
hommes et des femmes intelligents, par hypothèse, on ne peut
qu'être optimiste pour l'avenir.

**Que diriez-vous pour finir à quelqu'un dans votre ville, qui
est à 10 000 kilomètres de ces concepts environnementaux et
de développement durable, complètement obtus à tout ça :
que lui diriez-vous pour le convaincre sur l'avenir de votre
ville, de génération future de la planète ?**

Avec des phrases simples. Je lui dirais qu'on est sur une terre,
que cette terre a des ressources, que ces ressources doivent être
préservées et que pour les préserver il faut effectivement gérer son
eau, gérer ses déchets. Et pour préserver une autre richesse qui est
la cohésion sociale, il faut participer, il faut être à l'écoute des
autres, il faut donc construire non pas tout seul de façon indépen-
dante et isolée, mais dans le cadre d'une vraie collectivité.

DOMINIQUE RIQUET

Maire de Valenciennes

L'EXPÉRIENCE DE LA NON-DURABILITÉ

Ça veut dire quoi, le développement durable, pour une ville comme la vôtre ?

Le développement durable, si on écoute les gens autour de soi, c'est une notion qui est très « ésotérique ». Je dirais, de mon point de vue, que le développement durable correspond au développement réel, c'est-à-dire simple à décrire, mais dans lequel il y a des notions qui me paraissent contradictoires.

Je ne vais pas revenir sur ce que tout le monde sait, puisque le développement durable a été théorisé, justement par des gens comme vous, et heureusement ! Pour résumer, on peut dire que c'est « quelque chose » à la fois de prospectif dans l'avenir, mais durable comme le nom l'indique, et qui en même temps est « économe ».

Je crois aussi que la notion de durabilité et d'économie est parfois antinomique. C'est une notion que ma grand-mère m'expliquait. Chez les gens qui n'étaient pas riches, ce qui était notre cas, un vieux proverbe disait qu'il n'était pas prudent d'acheter bon marché quand on était pauvre. Je dirais que le développement durable, c'est la même chose. Il faut être économe des ressources, il faut être économe de plonger la main dans le panier de la planète ; mais en même temps la durabilité doit sûrement s'appuyer sur des critères de qualité.

Donc, en résumé, le développement durable, c'est arriver à faire les bons choix, ce qui est difficile, entre le durable et l'économie ; ce qui n'est pas toujours évident.

195

Ça se passe comment, à Valenciennes ? Avez-vous déjà lancé un Agenda 21 ?

On a lancé un Agenda 21 et on a commencé à réfléchir là-dessus en 1995. Il a été signé avec l'État et la région début 2000. C'est une procédure qui existe depuis quatre, cinq ans chez nous et qui n'est qu'une formalisation d'un concept politique qui n'était pas si simple à appréhender, tout comme sa formalisation. Ça demeure néanmoins à mon sens et avant tout une aventure humaine. C'est une aventure de convictions. Parce que cette procédure d'Agenda 21, c'est comme ce que je disais sur la notion d'économie et de durabilité, c'est probablement ce qui explique sa difficulté et qui nécessairement implique que l'on soit toujours à cheval au niveau du bon sens, entre quelque chose qui procède de la citoyenneté, de l'intuition, de la capacité qu'on a à penser à nos enfants, à nos petits-enfants et à la planète, et en même temps que de se tenir à des procédures réglementaires, ce qui est un peu paradoxal. Nous avons quand même été convaincus qu'il fallait des « clous » et que d'une certaine façon il fallait que l'on reste dans des limites. La procédure de l'Agenda 21 était, à ce titre, une bonne procédure.

En même temps, c'est aussi quelque chose dans laquelle on peut « faire son marché », je m'explique : en fonction de vos convictions et de l'endroit où vous vous trouvez, les problèmes de développement durable ne sont pas du tout les mêmes. Je pense qu'ils ne sont pas les mêmes au Brésil que chez nous, en France ; et chez nous, en France, on n'a pas les mêmes problèmes de développement à Valenciennes qu'à Neuilly ou à Cannes. Ça me paraît clair.

Vous êtes dans une région difficile. Comment faire passer ce concept de durabilité à des administrés qui ont des problèmes dans la vie de tous les jours. Ce n'est pas simple. L'acceptent-ils ?

Vous savez, lorsque vous avez connu un désastre comme le nôtre, vous êtes confronté à ce qu'est le « non-durable ». C'est donc plus facile d'expliquer aux gens qui ont connu la guerre ce que c'est que la guerre. Parce que, finalement, la non-durabilité, c'est la guerre.

Et donc, d'une certaine façon, j'ai plus de facilité à expliquer ce que sont les errements du développement non-durable à des gens qui ont connu un désastre économique complet, un effondrement industriel, et à qui on a laissé un dixième des friches françaises industrielles. Il n'est pas nécessaire de leur expliquer, à ceux-là mêmes, ce que c'est que la pollution des friches, ce que sont les investissements volages, ce qu'est le développement opportuniste, etc. D'une certaine façon, quand vous êtes dans une zone qui a été rasée, reconstruire ce n'est pas plus malcommode. C'est peut-être notre seule consolation. Au moins celle-là, on l'a. Des gens ont touché du doigt chez nous ce qu'était le développement non-durable. Si vous habitez dans des zones qui connaissent une espèce de progression continue, vous avez tendance à avoir une foi aveugle dans le système. Cependant, dans un système comme le nôtre, dans une région qui a fourni énormément de richesses, qui a été extrêmement productive, avec une espèce de foi dans le fait que le progrès allait toujours de l'avant, vous vous rendez compte que ce n'est pas vrai. Cela peut faciliter les choses.

C'est très intéressant : mais alors, comment rendre la culture gratuite, justement, à ces gens qui sont complètement démunis ?

C'est compliqué, il y a une très forte pression des institutions pour vous expliquer que vous êtes au contraire de votre devoir : votre devoir c'est de redonner aux gens du pain et du travail. Et donc, quand vous dites : la culture c'est un élément extrêmement important, que l'on va y consacrer beaucoup de moyens, c'est très polémique. Là, il faut avoir une volonté politique extrêmement forte, et il ne faut pas avoir peur d'être critiqué.

La culture ça englobe un certain nombre de choses : c'est un outil d'appréhension du milieu extérieur, mais c'est aussi par exemple un moyen de réapprivoiser le beau. Quand vous êtes dans une zone avec des friches urbaines, du logement insalubre, etc., les gens ont perdu la notion du beau : ils ne se déplacent plus. Ils n'en ont plus les moyens. Ils vivent dans un milieu qui est complètement sinistré sur le plan esthétique. L'esthétique est un élément fondamental chargé d'espoir.

Nous avons beaucoup été critiqués lorsque nous avons réhabilité des bâtiments comme la médiathèque, le musée ou construit le théâtre... Les gens ont jugé scandaleux d'y investir autant d'argent, d'autant plus qu'ils sont très beaux... Nous leur avons répondu que justement c'était très important que les gens se réapproprient et réapprivoisent le « beau ».

Le résultat a été que ces personnes au final n'avaient jamais vu de tels bâtiments. Ils ont été respectés, habités, tout s'est déroulé d'une manière extraordinaire. Nous avons fait une médiathèque à Valenciennes, et notre chiffre de fréquentation correspond exactement à la moitié de celui de la bibliothèque Mitterrand.

C'est énorme !

Oui. Les visiteurs sont les gens des quartiers ! Ce sont les gosses, ce sont les gens de la deuxième génération, de la troisième génération de l'émigration, etc.

Peut-on dire que le phénomène culturel qui réintroduit le beau, réintroduit l'accessible pour les gens les plus démunis dans les zones défavorisés, est l'un des axes, l'un des facteurs essentiels du développement durable d'une cité comme la vôtre ?

Pour moi, c'est un élément important. Parce que si vous parlez de développement durable, allez-vous pouvoir imposer une notion comme celle-là si compliquée que même les élus, même les responsables, à mon avis, ne l'appréhendent que très mal ? Pouvez-vous estimer que votre population va adhérer à un concept comme ça, alors qu'elle est à cent mille années-lumière de ce type de problèmes ? Donc, si vous ne lui donnez pas des moyens, des moyens d'adhésion, vous pouvez estimer à ce moment-là que, à la limite, vous pourrez éblouir les gens (éblouir signifie bien qu'il y a tellement de lumière que vous ne voyez plus clair). Allez-vous donc éblouir les gens, ou, au contraire, allez-vous leur donner les moyens d'un « déclic » ?

Ça, c'est effectivement très important. L'adhésion procède d'une analyse, et c'est un des gros problèmes, d'ailleurs, même avec les élus. Je vois bien que, lorsqu'on discute de développement durable avec les élus, la plupart des élus pensent que c'est quelque chose qui est dans l'air du temps, que c'est un moyen d'être à la mode, qu'il y a effectivement un fond de vrai là-dedans, mais que tout n'est pas bien compris, et qu'en tout cas ce n'est pas un « process » qui est directement consommable par les gens. Ils vont leur pré-digérer le système.

Beaucoup de maires se posent des questions sur leur propre exposition aux risques. On a vu AZF à Toulouse... Êtes-vous exposé à des risques potentiels ? On a l'impression que de nombreux maires ont peur maintenant de cette responsabilité croissante face aux risques, leur propre responsabilité ?

Là, à mon avis, vous touchez un point qui est au cœur du débat du développement durable. Je m'explique. De quels risques parle-t-on ? Est-ce que vous parlez de risque judiciaire ou politique ? Si vous avez un désastre industriel, on va considérer que vous n'avez pas appliqué le principe de précaution. Ça, c'est un premier risque.

Le deuxième risque est que, si vous prenez des positions drastiques sur le sujet, là vous prendrez un risque d'emploi et de développement économique.

Troisièmement, si vous prenez une position qui est dogmatique, vous allez probablement à la fois défendre votre propre personne (ce qui est un souci que peuvent avoir légitimement les élus), mais vous ne serez pas très positif pour le concept de développement durable.

Alors on voit des télescopages très intéressants. J'étais, il y a quelque temps, en réunion au conseil régional Nord-Pas-de-Calais, où on parlait de Metaleurop : c'est un sujet très intéressant. Mon sentiment est le suivant : nous allons assister, devant la montée du risque écologique, du risque environnemental, dans certaines activités, au désengagement des entrepreneurs avant que la bombe environnementale ne leur explose à la figure. C'est-à-dire qu'on a appris aux entrepreneurs que ça allait être un problème pour eux. Et donc, finalement, ils sabordent leur activité économique, ils organisent leur insolvabilité pour ne surtout pas être mis en cause dans ce système. Vous voyez que c'est très compliqué.

Dans le développement durable, sur le type de risques que vous évoquez, il y a un aspect économique : comment avoir une économie durable?, et il y a un aspect environnemental, c'est : comment ne pas saboter son environnement?

Il y a un effet très pervers qui est que, lorsqu'on s'occupe de ce genre de problèmes et qu'on les médiatise, les pollueurs, que ce soient les pollueurs sociaux comme les pollueurs environnementaux (parce qu'ils ont des capacités d'analyse, de réactivité, qui ne sont pas celles de la société), ont les moyens de réagir plus vite que nous. Et, en conséquence, d'organiser en quelque sorte le désastre social, le désastre économique et le désastre environnemental sans qu'ils soient mis en cause.

Dans ce contexte, il ne faut pas oublier que nous sommes en présence de 52 sites Seveso qui dans les cinq ans à venir ne seront plus puisqu'il y a forte probabilité qu'ils n'assument pas leurs risques.

Ça veut donc dire que les entreprises vont quitter votre région à cause de ces risques potentiels?

Bien sûr. Ils vont quitter les endroits où nous leur disons que, dans le cadre du développement durable, nous ne pourrons plus assumer ce genre d'activités. Il y a fort à parier qu'ils suivront les pas de Metaleurop et d'un certain nombre d'autres entreprises : ils disparaissent dans un système de liquidation et d'insolvabilité, et ils laissent à la collectivité des chômeurs et la pollution.

Alors, que faire pour remplacer par quoi? Là est tout le problème du développement durable...

Voilà. D'ailleurs, ça revient à ce que je vous disais tout à l'heure : quand on est dans une région comme la nôtre, où l'on a déjà «payé» avant que le concept de développement durable n'apparaisse, les gens en comprennent l'enjeu assez rapidement. Vous voyez pénétrer tout doucement, chez nous, même si ce n'est pas toujours spectaculaire, la notion de développement durable : elle rentre dans la société comme ça. Les gens se posent des questions qu'ils ne se seraient pas posées avant : Est-ce que les emplois sont durables? Mais dans tous les sens du terme : s'ils sont durables sur le plan économique, sur le plan écologique, sur le plan social...

Pensez-vous sincèrement, parce que vous le vivez actuellement, que les industriels qui viendront un jour chez vous sont déjà mûrs pour accepter ces trois facteurs du développement durable : économique, social, environnemental ?

Je vais prendre un exemple qui est bien connu : c'est Toyota. Toyota est arrivé chez nous pour monter un très gros pôle industriel qui se compte en milliers d'emplois. Tous les facteurs environnementaux ont été étudiés, pris en compte. Toyota a monté une usine qui est écologiquement exemplaire, du début à la fin du cycle ; et sur le plan social, la structure est très participative, ce qui semble, à mon sens, fonctionner assez bien, ainsi que leur modalité de recrutement, de fonctionnement... C'est intéressant, parce que ce n'est pas la même civilisation que la nôtre. En même temps, on voit que les « process » de durabilité sont transcendants à la civilisation occidentale ou japonaise : ils appliquent effectivement des concepts japonais. Il n'empêche que les concepts de développement durable, à mon avis, ont un gros mérite : c'est qu'ils sont universels, au sens strict du terme, ils concernent l'univers. Ça, c'est pour conforter votre démarche : vous avez un bon combat. La preuve, quand dans une zone donnée on change de culture, on ne change pas le concept.

Je pense qu'ils ont fait là quelque chose de très recommandable alors que l'on a affaire à un très grand groupe, très capitalistique, avec des « process » industriels connus dans l'industrie lourde.

Que seraient pour vous les grands indicateurs d'une bonne gestion d'une ville durable : le nombre de cliniques, le nombre de téléphones au mètre carré... ?

Je crois qu'il y a des indicateurs objectifs, qui sont des indicateurs de densité, de pollution, d'équipements, etc. Et il y a des indicateurs subjectifs, qui tiennent à l'idée que les gens ont de leur environnement au sens large du terme. Et je reviens au début de notre propos : plus les gens sont éduqués au bon sens du terme, et ont des outils d'analyse personnelle, plus ce genre de critères est valable. C'est toute la difficulté d'évaluation, d'ailleurs, dès que vous sortez des « process » industriels : c'est que vous avez des critères qui sont objectifs, ceux que vous avez évoqués, et il y a des critères subjectifs, qui sont plus délicats à manier, qui sont plus souvent manipulés.

Dans le cadre du développement durable, un maire est-il capable aussi de prendre des mesures impopulaires ? Je pense aux transports par exemple.

La question est d'actualité, puisqu'on va gérer dans cette ville trois ans et demi de travaux. On va faire deux choses : bouleverser la ville et donc rendre les conditions de vie extraordinairement difficiles aux gens pendant toute cette période. Tout ceci pour arriver à faire quoi ?... essayer de limiter la voiture, de faire du transfert modal, de promouvoir les transports alternatifs, la piétonnisation et les transports en commun, qui sont, comme chacun le sait, des combats extrêmement populaires ! Ça fait huit ans que nous travaillons sur le sujet, car c'est très compliqué de monter tout ça ; on commence les travaux opérationnellement dans quatre mois, et c'est extraordinairement impopulaire mais ça m'est totalement égal.

C'est vrai que la démocratie est la plus belle chose du monde. Mais, en même temps, elle a cette faiblesse que les élus pensent à leur réélection et non pas à leur bilan. Ou ils pensent, très exactement, que leur bilan doit être géré en termes de popularité. Là, j'exprime une position personnelle, on ne peut pas voir les choses comme ça.

Et d'ailleurs, vous parliez de développement durable : je pense que, paradoxalement, le développement durable et la popularité des hommes politiques ce ne sont pas deux choses qui font obligatoirement bon ménage. C'est peut-être un des problèmes. En tout cas, dans l'état actuel du débat. Parce que les choses progressent : ça fait trente ans qu'elles progressent. Ça a commencé au Club de Rome. Il y a quarante ans, le début du débat était pourtant mal parti car on a essayé d'interpeller les gens sur des termes qui étaient probablement erronés, alarmistes, et les choses sont devenues beaucoup plus alarmantes, alors que le discours, lui, changeait dans l'autre sens.

En résumé, le développement durable, est-ce une nouvelle façon de faire de la politique ?

Pour l'instant, c'est une excellente forme de « politique », au niveau du discours, à condition de faire peu. À condition de faire peu, parce que les gens sont d'accord pour que vous ayez un discours comme celui-là, à la condition que ça ne leur pose pas de problèmes dans leur vie de tous les jours. Donc, vous pouvez avoir un discours très structuré et être extrêmement prudent sur le plan de l'action : si vous faites le contraire, c'est une autre paire de manches.

On dit très souvent que le concept de développement durable est un concept de pays riches, de villes riches, et vous, vous dites carrément le contraire ! ! !

Je vais même vous dire quelque chose qui m'inquiète beaucoup : ce que je crains, c'est que le développement durable des pays développés se traduise purement et simplement par une exportation dans les pays en voie de développement, pour parler politiquement correct, de toutes les nuisances que nous avons connues et que nous ne voulons plus connaître.

Il est probablement plus important, au niveau de la planète, de faire du développement durable dans les pays en voie de développement. Vous allez me dire : ceux-là, il faut leur donner à manger... Oui, d'accord : la vraie nuisance du système, c'est d'expliquer actuellement que les pauvres, pour manger, il faut qu'ils acceptent de manger n'importe quoi, dans des conditions extrêmement mauvaises. Dans ces conditions-là, si vous voulez que les pays riches mangent du caviar dans des assiettes propres, il faudra que les autres mangent du pain dans de pauvres écuelles ! C'est exactement le problème. Là, vous touchez quelque chose du développement durable qui est très fort.

Je suis absolument persuadé qu'au niveau de l'univers le grand danger est de voir nos amis les victimes du développement durable dans le monde occidental – les « victimes » – aller continuer leurs activités ailleurs.

Il y a une firme, à Valenciennes, qui s'est montée sur place et qui est devenue un leader mondial, spécialiste en développement d'usines. Cette entreprise a commencé chez nous en démontant Usinor, qui était quand même une grosse affaire, et en la remontant en Chine. Et ce qu'ils ont remonté, ce sont dans les conditions que vous imaginez ; et vous savez dans quoi cette entreprise est en train de se reconvertir ? Dans l'environnemental...

Pour l'instant, on ne fait pas du tout de développement durable au sens large : on fait du développement durable en Occident. Ce n'est pas du tout la même chose. Et le développement durable en Occident risque de se traduire – et quand je dis risque, je suis optimiste – par une dégradation inverse : c'est-à-dire vous transférez le problème ailleurs.

Un très, très gros problème du développement durable, et qui est identifié comme tel, c'est la démographie. Voilà un grand problème. Alors, au moment où les pays dits développés « fouettent » leur démographie avec le succès que l'on sait, les autres n'arrivent pas à freiner la leur : ça, c'est un sujet de réflexion. Au niveau de la planète Terre, le développement durable c'est un problème de vases communicants.

Nous, ce qu'on voudrait, dans le développement durable en Occident, ce n'est que garder le nectar ; c'est à peu près ça.

Il faut alors que ces pays prennent en charge leur propre développement durable ?

C'est compliqué, parce que ces pays-là ont un modèle de développement. Ils n'en ont pas deux. Ils n'en n'ont qu'un. Et il y a un paradoxe, parce qu'ils sont toujours en retard d'une « révolution » : ils sont à la révolution industrielle au moment où nous, on est dans le développement durable.

Si vous me demandez ce qui caractérise l'époque, c'est qu'on passe du XIXe au XXIe siècle, le XXe siècle ayant été beaucoup occupé à faire la guerre qui est un modèle de développement dont on n'a pas parlé mais qui a son intérêt, surtout en ce moment... Actuellement, nous exportons non seulement nos effluents mais aussi la guerre. Mais, malgré tout, pendant que nous assumons notre transition vers un modèle de développement durable, eux passent du sous-développement à un modèle de développement industriel dont on ne veut plus. C'est bien le sujet de notre conversation : nous ne voulons plus d'un modèle de développement sur lequel se précipitent les pays du tiers-monde.

Dans ces conditions-là, que pouvez-vous leur dire ? Qu'il faut aller directement à l'étape d'après qui est le développement durable, sauf qu'on n'arrive même pas à l'expliquer à nos sociétés « civilisées »... C'est un vrai problème. Vous êtes terrorisé par le concept qui consiste à dire : Ils ne mangent pas à leur faim, il y a un gosse qui meurt toutes les 5 secondes, ils ne contrôlent pas leur population, ils polluent à tour de bras, etc. Quand on est confronté à ces problèmes majeurs, la pollution atmosphérique et le rejet de CO_2, c'est autre chose et cela peut apparaître mineur... Je suis avec intérêt le combat des paysans indiens sur le sujet : c'est intéressant. Quand vous parlez par exemple des cultures transgéniques... Ça, c'est un excellent débat, dans lequel vous trouvez absolument tout. C'est extraordinaire ! Parce que vous allez permettre aux pays sous-développés de gérer une agriculture plus productive dans des conditions meilleures ; vous allez d'ailleurs probablement diminuer la part de la pollution par les pesticides, donc tout ça c'est le mieux et le meilleur des mondes. Et de l'autre côté c'est qu'ils n'ont pas accès aux graines, ils devront se refournir chez les fournisseurs puisqu'on leur donne des graines stériles, ce sont des productions qui ne sont pas adaptées à leurs besoins, et les modes de culture non plus. Comment fait-on ? Je n'ai pas la réponse.

DÉVELOPPEMENT DURABLE :
LECTURE LOCALE DU SOMMET MONDIAL

Laurent Coméliau

Chargé de mission du CFSMDD
Chargé de mission collectivités locales
Mission Interministérielle de l'Effet de Serre (MIES)

Le Sommet mondial du développement durable qui s'est tenu à Johannesbourg du 28 août au 4 septembre 2002 a rassemblé environ 30 000 participants de 178 pays. Il a déjà fait l'objet de plusieurs bilans, que ce soit « à chaud » par l'importante couverture presse de l'évènement, ou bien avec un peu plus de recul par le biais de revues spécialisées, de conférences, de comptes-rendus des groupes de travail ou d'acteurs (ONG, syndicats, entreprises, collectivités locales,...) ayant préparés le rendez-vous pendant de long mois. Rappelons que le Comité français pour le Sommet Mondial du Développement Durable (CFSMDD), placé auprès du Premier Ministre, a servi de catalyseur pour les contributions des acteurs non gouvernementaux et des collectivités locales[1].

C'est à ce titre qu'il nous a semblé intéressant, à partir du suivi de la préparation du sommet jusqu'au recueil d'impressions et de commentaires d'élus de retour de Johannesbourg en passant bien entendu par l'événement lui-même, de proposer cette lecture « locale du sommet mondial ». Elle vise à :

– tirer les enseignements de la présence à Johannesbourg des collectivités locales, notamment françaises,

– explorer les pistes qui se dessinent pour poursuivre l'action à l'échelle locale, sur la base des échanges que le sommet à générer,

– offrir une lecture ciblée du principal document issu des négociations, le programme d'action.

Une forte présence française

Avec près d'une soixantaine de représentants des enjeux urbains et des collectivités locales au Sommet notre pays était quantitative-

---

1. Le Livre Blanc des Acteurs français du développement durable produit par le CFSMDD et diffusé à Johannesbourg peut être téléchargé à partir du site www.johannesbourg.environnement.gouv.fr/

ment avec l'Afrique du Sud et les Etats-Unis le plus présent sur ces enjeux.

Cette forte mobilisation est sans doute avant tout le fruit de l'ancrage territorial du développement durable en France ces dernières années, avec notamment sa traduction législative (LOADDT, SRU, intercommunalité,...). Tout l'important travail conduit dans les mois précédents le Sommet, et en particulier l'adoption de la « Déclaration des collectivités locales et territoriales françaises au sommet mondial du développement durable françaises » signée par l'ensemble des associations d'élus [1] en témoigne.

Par ailleurs, plusieurs collectivités territoriales ont pu juger instructif de participer au Sommet de Johannesbourg puisqu'il était présenté comme celui de la mise en œuvre concrète des engagements de Rio. D'autant que les thèmes prioritaires à l'ordre du jour relevaient tous plus ou moins directement des collectivités locales (eau et assainissements, énergie, agriculture, santé, modes de production et de consommation, partenariats privé-public,...). « Les collectivités locales ont la capacité de donner du contenu au développement durable » a ainsi rappelé Jean-Claude Antonini, maire d'Angers, en Afrique du Sud.

En revanche, il s'est avéré assez tôt dans le processus préparatoire que **la** dimension urbaine serait l'une des grandes oubliées du « Johannesbourg officiel ». C'est d'ailleurs sans doute sur la base de ce constat qu'aucun représentant du Ministère de l'Equipement ne s'y est rendu (alors que l'Environnement, les Affaires Etrangères, les Affaires Sociales, la Recherche ou encore l'Agriculture y étaient représentés). Cette non reconnaissance du fait urbain a mainte fois été signalée, que ce soit en amont du sommet (cf. le rapport du groupe « villes et autorités locales » dans le Livre Blanc) ou pendant par les élus locaux, notamment français. « La bataille du développement durable, c'est celle du développement urbain maîtrisé » a déclaré l'AMGVF lors d'une conférence de presse organi-

---

1. Disponible dans le Livre Blanc ou sur le site www.cites-unies-france.org/

sée sur place. Les fonctionnaires français en charge de la négociation des textes ont essayé en vain d'introduire davantage cette
composante. Ils estiment qu'une alliance plus forte au niveau européen aurait pu donner de meilleurs résultats.

On relèvera qu'au total, seuls les représentants de la Suisse, de la
Suède et de l'Afghanistan ont fait références aux problématiques
urbaines en séance plénière des Nations unies.

Le lieu même d'accueil de la conférence, la ville de Johannesbourg, illustre pourtant mieux que n'importe quel rapport ou déclaration les propos tenus par les représentants de l'AMGVF. Nombre
d'élus locaux et représentants de collectivités locales garderont
gravés à l'esprit sa non-conformité au développement durable (é-
carts extrêmes de richesse, ségrégation spatiale et insécurité, towns-
hips comptant 80 % de chômeurs et un jeune sur deux séropositifs,
ghettos non approvisionnés en eau et énergie, ville éclatée sans
transports en commun, etc.). Ce n'est pas la moindre des vertus
de ce Sommet de s'être tenu à cet endroit là. Les participants,
notamment les élus et techniciens locaux, ont pu découvrir sur le
terrain l'ampleur des défis à relever. Sous la forme d'une demi-
boutade, les ONG ont d'ailleurs regretté que chaque négociateur
n'ait pas été contraint à passer une dizaine de jours dans les rues de
Johannesbourg avant de se pencher sur les textes des Nations unies.
Ceci non seulement pour mesurer l'urgence qu'il y a agir, mais
aussi pour observer les débuts de réponses qui sont apportés
(notamment par le bais d'actions de coopération décentralisée repo-
sant sur le tissu associatif local).

Un foisonnement d'échanges informels et d'initiatives

On sait que ce type de sommet est à chaque fois l'occasion d'une
forte prise de conscience collective des problèmes, des objectifs à
poursuivre et des solutions. Mais peut être davantage que dans les
textes et séances de travail officiels, c'est au cours des rencontres
informelles, des événements parallèles ou même des visites de terrain que se construisent les synergies les plus prometteuses.

Les élus locaux français se sont retrouvés très largement en phase avec leurs homologues étrangers. « Alors que les Etats n'arrivent pas à sortir de leurs intérêts propres, les collectivités locales ont une culture commune » expliquait Ronan Dantec, vice-président de la Communauté urbaine de Nantes, à son retour de Johannesbourg (Ouest France, 11/9/02). Cette vision collective locale s'est exprimée par la *Déclaration des gouvernements locaux au sommet mondial du développement durable*[1]. Ce texte a été adopté lors de la « session des gouvernements locaux » de trois jours organisée parallèlement au Sommet par l'ICLEI[2] et qui a rassemblé 800 participants dont plus de 200 maires venus de 74 pays différents. On notera que les élus français se sont d'autant plus « retrouvés » dans cette déclaration qu'elle reprend en bien des points celle qu'ils avaient élaborée à l'échelle nationale.

Le Sommet des partenariats

Johannesbourg avait été annoncé comme tel. Ce fut le cas. Tant au sens des partenariats tels qu'entendus par les Nations unies (type II)[3] qu'à partir du foisonnement des relations multi-acteurs qu'il a favorisé.

Les mois qui ont précédés Johannesbourg le laissaient pressentir. Les interpellations croisées entre acteurs n'ont jamais été aussi fortes que pour ce sommet. Pour n'en citer que quelques-unes françaises impliquant les collectivités locales : déclarations des élus locaux s'adressant notamment à la société civile (cf. note 3), campagne citoyenne « Agenda 21 local » du Collectif ONG Jo'Burg 2002 interpellant les élus locaux et les gouvernements[4] ou encore nombreux appels aux partenariats et initiatives privés-publics rassemblant élus locaux, entreprises et société civile.

Les dialogues multi-acteurs orchestrés par les Nations unies réservés à un nombre limité de participants mais aussi et surtout les multiples événements parallèles (« side-events ») tenus sur place

---

1. Disponible sur www.cites-unies-france.org/ ou www.iclei.org/

2. Conseil international pour les initiatives locales en matière d'environnement.

3. Pour un aperçu des initiatives françaises de type II, voir www.johannesbourg.environnement.gouv.fr/ ou www.france.diplomatie.fr/

4. Voir le site www.association4d.org/

par les acteurs eux-mêmes sont à mettre à l'actif du sommet. Nous avons d'ailleurs nous même peut être sous-estimé cette culture nouvelle du partenariat entre acteurs multiples. En effet, alors que le CFSMDD a organisé régulièrement à Johannesbourg des réunions successives d'échanges avec les ONG et syndicats d'une part, puis par ailleurs les entreprises et d'autre part les représentants des collectivités locales, nos interlocuteurs ont regretté de n'avoir été réunis tous ensemble qu'un seule fois.

Une série d'initiatives internationales pluri-acteurs nées du processus de Johannesbourg et impliquant les collectivités locales françaises méritent d'ailleurs un suivi particulier (cf. note 4) : Charte d'accès aux services essentiels pour la gestion des services vitaux urbains (eau, déchets, énergie, transports), actions internationales de formation des acteurs locaux, nouvelles initiatives de coopération décentralisée, Programme de Développement Municipal en Afrique,... Un nombre conséquent de ces pratiques et projets concernent l'eau, ce « bien public local » qui « n'est pas une marchandise » mais qu'il convient d'amener à domicile et récupérer une fois usée comme le précise Gérard Payen, directeur de l'eau chez Suez (Environnement stratégie n° 28, oct. 2002). Ceci s'explique par le consensus international qui s'est dégagé sur ce thème à Johannesbourg et par la proximité de la conférence internationale qui lui est consacrée (Kyoto, mars 2003).

Exemplarité et apprentissage

« Les échanges d'expériences transforment profondément la pensée » a pu dire Gérard Collomb, maire de Lyon, lors d'une conférence de presse tenue à Johannesbourg. On ne participe pas à un Sommet comme celui-ci sans en revenir avec une vision du monde différente.

Le changement du regard des techniciens et des élus locaux

présents là-bas a été tel que l'on peut penser qu'il ne peut que se traduire dans les pratiques de terrain par la suite.

Ainsi, nombre de représentants de collectivités locales sont repartis de Johannesbourg plus que jamais convaincus que mettre en œuvre le développement durable à l'échelle territoriale impliquait aussi un volet solidarité internationale. Ce type de rencontre internationale permet de «construire le rapport à l'autre», explique Geneviève Ancel, chargée de mission développement durable à Lyon. «Il s'agit de partager des principes entre villes du Nord et du Sud avec enrichissement dans les deux sens afin que Nord et Sud progressent ensemble» a déclaré Jean-Marie Bockel, maire de Mulhouse et Président de l'AMGVF lors d'une conférence de presse post Johannesburg.

De surcroît, «s'afficher» à l'international tel que l'ont fait un certain nombre de collectivités territoriales françaises exige de faire preuve chez soi d'une certaine exemplarité. Cela va dans le sens d'une responsabilisation accrue de chaque acteur à son niveau.

Par exemple certains des élus présents à Johannesbourg s'apprêtent à démarrer ou à donner une nouvelle impulsion à l'Agenda 21 local de leur collectivité. Plusieurs d'entre eux ont d'ailleurs, à l'issu du sommet, adopté une résolution [1] adressée à l'Etat français pour qu'il s'engage davantage dans la mise en oeuvre des Agendas 21 locaux ; ils demandent par ailleurs que les collectivités locales et leurs partenaires associés puissent contribuer à l'élaboration d'un programme d'action national de développement durable [2].

L'apprentissage du «travail à l'international» est un autre enseignement positif de ce sommet. Pour la majorité d'élus et de représentants des collectivités locales, pareille rencontre constituait une première. A peine 5 ou 6 d'entre eux avaient participé au Sommet de Rio ou à celui d'Istanbul sur les villes (1996). Franchir le pont du local au global, cela consiste non seulement à échanger avec des partenaires et pouvoirs locaux des autres pays mais aussi à infléchir, par des alliances multiples, les modes de coopération inter-gouvernemen-

---

1. Disponible sur le site www.cites-unies-france.org/

2. La réponse à cette seconde exigence s'est traduite par la création, en janvier 2003, du Conseil national du Développement Durable (CNDD). Placé auprès du Premier Ministre, il est composé d'une petite centaine de représentants de la société civile et des collectivités locales (une quinzaine pour ces dernières). Cette instance doit normalement permettre d'associer ces acteurs, au cours du premier semestre 2003, à l'élaboration de la stratégie nationale du développement durable – qui comporte un volet territorial. Voir site www.premier-ministre.gouv.fr/developpement-durable.

tale. Au cours d'une table-ronde organisée à ce sujet lors de la session des pouvoirs locaux de Johannesbourg, Christian Feuillet, Vice-président de la région Ile-de-France, expliquait qu'il « est impossible d'œuvrer efficacement au niveau local, si parallèlement, les politiques d'ajustement structurel où les règles du commerce mondial créent les conditions d'un développement non durable ». Peser pour influencer les textes en négociation, faire valoir une approche culturelle parfois différente (notamment des anglo-saxons), participer aux dialogues multi-acteurs, renforcer les liens avec des partenaires francophones d'autant plus que l'ensemble des débats se déroule en anglais, autant d'expériences acquises pour les rendez-vous à venir...

« **Local is beautiful** » ?

Pour l'avenir, il s'agit aussi de tirer de Johannesburg les enseignements de ce qui a moins bien marché. Il serait faux de donner une image idyllique des pouvoirs locaux unis oeuvrant main dans la main pour protéger la planète...

Tout d'abord il ressort que la coordination tant nationale qu'internationale des élus locaux doit être améliorée, voire repensée. Malgré les déclarations et revendications communes, il a par exemple été reproché à certains élus ou organisations d'élus ou de collectivités locales de jouer sur place « cavalier seul ». Ces critiques portent tant à l'échelle internationale qu'à l'échelle française.

Au niveau national, les réseaux ne sont pas assez structurés ; les informations ont insuffisamment ou mal circulé au sein des collectivités territoriales non insérées dans les circuits nationaux.

De plus, la trop faible reconnaissance de la place des autorités locales par les Nations unies ou encore le peu de prise en compte des enjeux urbains dans les débats officiels de Johannesbourg pose la question de leur représentation internationale. Jacques Auxiette, maire de La Roche-sur-Yon et Vice-Président de l'AMF en charge de l'international l'explique pour sa part par « la répugnance de nombreux Etats, notamment au Sud, face à l'affirmation des pouvoirs locaux et aux revendications décentralisatrices » et par la faiblesse des organisations de pouvoirs locaux (compte-rendu post-Johannesbourg fait pour le CFSMDD). Sur ce dernier point, la création, en 2004, d'une organisation internationale légitimée par l'ensemble des collectivités locales de la planète pourrait apporter une réponse adéquate. Quant aux enjeux en matière de décentralisation, qui nous renvoient de fait à un sujet d'actualité nationale, on pourra retenir pour la suite cette remarque formulée par Michel Mousel, Président du CFSMDD, lors d'un débat post Johannesbourg : « les pays où la décentralisation est acquise se posent moins la question du positionnement des collectivités locales ».

Par ailleurs, les bilans qui ont pu être dressés en matière d'Agendas 21 locaux, notamment par l'ICLEI[1] lors de la session qu'elle a organisé, soulèvent un certain nombre de questions. Outre le nombre assez faible de pratiques en cours (6000 agendas 21 locaux référencés dans une centaine de pays), les bons exemples (« success stories ») présentés à Johannesburg sont à quelques exceptions près ceux cités systématiquement depuis maintenant plusieurs années (ex. : Heidelberg, Leicester, Calvi pour l'Europe ; Curitiba, Porto Alegre pour l'Amérique du Sud,...). On peut s'interroger sur le fait qu'au moment même où les Agendas 21 locaux mûrissent chez nous, le mouvement semble quelque peu s'essouffler au niveau européen.

Enfin, autre relativisation nécessaire, celle de la convergence absolue des intérêts des pouvoirs locaux. L'exemple de la lutte contre le changement climatique en est symptomatique. De nombreux maires américains et australiens ont adopté à Johannesbourg une motion où ils demandent à leur pays la ratification du protocole de Kyoto et l'adoption d'une proposition visant à avoir 10 % de nouvelles sources d'énergie renouvelable en 2010. Cette divergence entre élus locaux et position gouvernementale a largement été mise en avant comme contribution positive de l'échelon local. Mais il a trop peu été souligné que l'annonce de la ratification prochaine du même Protocole de Kyoto faite par le Canada à Johannesbourg a provoqué une réaction violente d'un certain nombre de provinces

---

1. Voir le site www.iclei.org/

du pays qui y étaient opposées. C'est notamment le cas de l'Alberta, dont le sous-sol regorge de pétrole [1].

Les contextes sociaux, économiques et environnementaux locaux ne permettent pas toujours, au moins à court terme, d'adhérer à des objectifs mondiaux de long terme.

Le Plan de mise en œuvre

Deux textes ont été adoptés officiellement par les Nations unies à Johannesbourg : d'une part une déclaration politique de cinq pages, d'autre part un Programme de mise en œuvre ou Plan d'action d'une cinquantaine de pages [2].

Si la Déclaration politique de Johannesbourg n'a pas de portée remarquable en comparaison de la Déclaration de Rio qui cadrait un certain nombre de principes forts, il nous paraît en être un peu autrement pour le Programme d'action. Non pas qu'il « rivalise » avec l'Agenda 21 de Rio, qui était un document bien plus complet et détaillé (et dix fois plus volumineux !).

Mais une lecture fine du Programme d'Action de Johannesbourg et un repérage des thématiques qu'il traite (cf. Annexe II) montre qu'il constitue somme toute un socle sur lequel on peut s'appuyer pour l'action.

Outre le fait qu'il reste assez général et qu'il comporte peu d'engagements datés et chiffrés si ce n'est dans quelques domaines (eau notamment), les élus locaux, urbanistes et représentants des collectivités locales reprochent principalement au Plan d'Action la faible reconnaissance du rôle des autorités locales et le peu de mentions des enjeux urbains.

De fait, les références aux 9 groupes majeurs identifiés à Rio sont beaucoup plus diluées que dans l'Agenda 21 qui leur réservait un chapitre chacun (dont le chapitre 28 pour les collectivités locales). Rio était en soit une consécration en terme de reconnaissance du

---

1. Cette ratification du Protocole de Kyoto par le Canada a finalement eu lieu à la mi-décembre 2002.

2. Documents disponibles en français sur www.un.org/french.events/wssd/ ou www.agora21.org

rôle des acteurs. Johannesbourg insiste essentiellement sur les partenariats possibles entre ces acteurs.

La référence la plus directe au rôle des autorités locales se retrouve à l'avant dernier paragraphe du document (chapitre X). Elle précise :

« Renforcer le rôle et la capacité des autorités et protagonistes (stakeholders) locaux en ce qui concerne l'application d'Action 21 et des résultats du Sommet et le renforcement de l'appui à fournir en permanence aux programmes locaux d'application d'Action 21 (Local Agenda 21 programmes) et aux initiatives et partenariats connexes, et encourager, en particulier, les partenariats entre les administrations et autres et les protagonistes pour faire progresser le développement durable comme le prévoit notamment le Programme Habitat » (§ 149).

Ce paragraphe tend à différencier le rôle des gouvernements locaux de celui de la société civile (stakeholders), ce qui va dans le sens de ce que souhaitent les élus locaux. Cependant, on remarquera que davantage que les « autorités locales », pas citées plus de 5 ou 6 fois dans tout le texte, ce sont des compléments de phrases du type « à tous les niveaux » ou « y compris au niveau local » qui désignent le plus souvent l'action de terrain. Or comme le fait remarquer Christian Feuillet, Vice-président de la région Ile-de-France, « au niveau local » ne signifie pas pour autant « avec les collectivités locales ». On peut aussi noter plusieurs références aux « Communautés locales » (local communities), une réalité culturelle essentiellement anglo-saxonne.

Les mentions les plus explicites aux enjeux urbains et en particulier au programme Habitat (Istanbul) se trouvent dans les chapitres consacrés à l'Afrique (VIII) et au suivi institutionnel (X) (cf. citation ci-dessus). Les questions de logement se retrouvent principalement abordées par le biais de l'initiative « Villes sans taudis » traitée dans le chapitre Elimination de la pauvreté (II). Si cela est certes sans commune mesure avec la multiplicité des champs d'action que proposait l'Agenda 21 dans son chapitre 7 (« promotion d'un modèle viable d'établissements humains ») ou plus encore le programme Habitat (Istanbul), le choix est fait de se concentrer sur quelques problématiques très fortes auxquelles sont confrontées avant tout les villes du Sud.

On ne retrouve par ailleurs pas dans le Plan d'Action la complémentarité entre espaces ruraux et urbains souhaitée notamment dans la déclaration des collectivités locales françaises. Les deux types de territoires ne font pas l'objet de liens constitutifs forts et d'interactions entre eux. Il sont généralement mentionnés côte à côte («tant en milieu urbain que rural»), comme pour ne pas citer l'un au détriment de l'autre.

Cependant, un certain nombre de thèmes parlant pour les collectivités locales y sont intégrés ou plus explicitement affirmés par rapport à l'Agenda 21, comme l'usage de matériaux de construction accessibles et soutenables pour les quartiers pauvres, l'étalement urbain, les liens entre la pollution de l'air et la santé, l'exposition au plomb, le rôle des politiques d'achats et la gestion des marchés publics ou encore les partenariats privé/publics notamment en matière d'accès aux services de l'eau.

Les paragraphes les plus notables et relatifs à ce que les collectivités locales des pays développés peuvent faire chez elles se situent pour l'essentiel dans le chapitre III (Modifications des modes de production et de consommation non viables).

L'encouragement à la mise en place de conseils de développement durable tant au niveau national que local, l'insistance sur la place des jeunes et des éducateurs (groupe d'acteurs nouvellement identifié), les références à la planification territoriale sont des éléments également présents dans le texte.

Enfin et surtout, le programme de mise en oeuvre laisse entrevoir de nombreuses actions possibles en matière de coopération décentralisée notamment sur la base des objectifs issus de la Déclaration Nations unies du Millénaire (lutte contre la pauvreté, accès à l'eau, à l'énergie, à la santé,...).

Conclusion

Il est donc trop tôt pour porter une appréciation des effets locaux du Sommet Mondial. Au niveau hexagonal, la forte présence d'acteurs territoriaux est fortement porteuse d'espoir, et va certainement permettre des rapprochements. Ainsi, les quatre régions ayant organisées leur présence commune sur place (Guyane, Midi-Pyrénées, Poitou-Charentes, Nord Pas de Calais) ont envisagé à terme un « Club des régions durables ». C'est l'une des réponses possibles à la question essentielle posée par Jean-François Caron, Vice-Président de la région Nord Pas de Calais : « Comment transmettre ce que nous avons vécu ici ? ». En complément de démarches volontaires de ce type ou relatives au lancement d'Agenda 21 locaux, La Stratégie Nationale du Développement Durable et les travaux du Conseil National du Développement Durable (voir note de bas de page 8) doivent contribuer à entretenir et renforcer les dynamiques locales capitalisées à l'occasion du Sommet.

Les textes de Johannesbourg ne sont que complémentaires de l'Agenda 21, qui reste le programme d'action de référence. Ils visent sans doute à hiérarchiser quelque peu les actions, en fonction des objectifs internationaux prioritaires (déclaration du Millénaire des Nations unies) et des moyens (Conférence de Monterrey sur le financement du développement) définis ces dernières années et en comptant sur la multiplication des initiatives partenariales entre acteurs.

Dans un contexte international difficile, Johannesbourg a permis de faire en sorte que l'environnement et le développement figurent à nouveau à l'agenda de la communauté internationale. Plusieurs participants français y ont vu aussi une certaine « réhabilitation des politiques publiques ».

Octobre 2002

Lecture « locale » du plan d'action

L'objectif de cette annexe vise à faciliter le repérage, dans le programme d'action adopté par les Nations unies à Johannesbourg, des thèmes, paragraphes ou extraits les plus à même de concerner les collectivités locales (françaises). L'exercice ne peut qu'être subjectif et non exhaustif.

Figurent :

– en gras, numérotés : les 10 chapitres du plan d'action de Johannesbourg,

– en italique, sous chacun des titres de chapitres : les principaux sujets traités dans le chapitre,

– en gras et en italique : les thème concernant particulièrement les collectivités locales,

– chiffres entre parenthèse : n° des paragraphes de référence,

– texte entre parenthèse : termes anglais original,

– entre guillemets : la traduction officielle proposée par les Nations unies dans une version du programme d'action antérieure à Johannesbourg mais dont le contenu a été validé à Johannesbourg.

Le programme d'action devrait être disponible prochainement en français dans sa version définitive sur le site www.un.org/french.events/wssd/ (disponible en anglais sur www.johannesburgsummit.org/)

I) Introduction
– *Rio, Agenda 21, Déclaration de Rio, Déclaration du Millénaire, Consensus de Monterrey,*

– *mise en oeuvre du développement durable, partenariats,*

– *principe de responsabilité commune mais différenciée, intégration des trois piliers, bonne gouvernance, paix, sécurité, diversité culturelle, éthique .*

II) Elimination de la pauvreté

– *rôle des femmes, populations indigènes, enfants,*

– *accès aux besoins de base, agriculture, alimentation, désertification, eau, énergie,*

– *développement industriel, bidonville, conditions de travail.*

Dans le cadre de l'initiative « Villes sans taudis » (§10) :

– ***matériaux de construction*** : usage de matériaux de construction à bas prix et soutenables pour le logement des plus démunis,

– ***accès aux services de base*** : accès à la terre et à la propriété, à des logements adéquats et aux services de base pour les populations pauvres,

– ***secteur informel*** : lever les obstacles au développement des micro-entreprises et du secteur informel,

– ***logement*** : aider les autorités locales à élaborer des programmes d'amélioration des quartiers pauvres dans le cadre de plans de développement urbain et faciliter l'accès, en particulier pour les pauvres, à l'information sur la législation en matière de logement.

III) Modification des modes de consommation
et de production non viables

– *analyse cycle de vie / principe pollueur payeur / internalisation des coûts / éco-efficacité,*

– *responsabilité sociale et environnementale des entreprises, énergie, transport, déchets, produits chimiques.*

– ***Entreprises et territoires*** : Encourager le dialogue entre les entreprises et les communautés au sein desquels elles opèrent (§17b).

– ***Approche intégrée, planification locale, achats publics*** : Encourager les autorités de tous niveaux à intégrer le développement durable dans la prise de décision, notamment en matière de planification nationale et locale, d'investissement en infrastructure, de développement économique et de politiques d'achats publics (§18).

– *Energie* : « Développer et utiliser pour divers usages locaux les sources d'énergie et les infrastructures locales et encourager la participation des collectivités rurales, y compris les groupes visés dans Action 21 (Local Agenda 21), avec l'appui de la communauté internationale, au développement et à l'utilisation des technologies faisant appel aux sources d'énergie renouvelables afin de répondre aux besoins énergétiques quotidiens et de trouver les solutions simples et locales » (§19g).

– *Transports* : « Promouvoir une approche intégrée de la formulation des politiques aux niveaux national, régional et local pour les services et systèmes de transport en vu de promouvoir le développement durable, y compris les politiques et la planification dans les domaines de l'aménagement du territoire, des infrastructures, des transports publics et des systèmes de livraison des marchandises, en vue d'assurer des transports efficaces, sûrs et abordables, d'utiliser plus rationnellement l'énergie, de réduire la pollution et les encombrement, de limiter les effets nuisibles à la santé et l'expansion des villes (urban sprawl), compte tenu des priorités et situations de chaque pays. » (§20).

Autres objectifs cités : amélioration de la qualité de l'air en milieu urbain, réduction des émissions de gaz à effets de serre et promotion de système de transports multi-modaux, mise au point de véhicules non polluants, économes en carburant et socialement acceptables (§20).

- *Déchets* : réduire au minimum, éviter et minimiser les déchets et maximiser la réutilisation, le recyclage et l'usage de matériaux moins nocifs pour l'environnement (§21).

IV) Protection et gestion des ressources naturelles aux fins du développement économique et social

Eau, océans, pêche, zones côtières, catastrophes naturelles, climat, pollution de l'air, agriculture, désertification, montagne, tourisme, biodiversité, ressources minières, forêts.

– **usage et allocation de l'eau** : « Utiliser plus rationnellement les ressources en eau et en promouvoir l'allocation entre les différents usagers d'une manière qui satisfait en priorité les besoins humains essentiels et trouve un juste équilibre entre la nécessité de préserver et de restaurer les écosystèmes et leurs fonctions, en particulier dans des environnements fragiles, et celles de répondre aux besoins des ménages, de l'industrie et de l'agriculture, notamment en préservant la qualité de l'eau propre à la consommation » (§25c).

Autres objectifs cités : accès à l'eau potable et à l'assainissement (§24).

– **partenariats privés/publics dans le domaine de l'eau** : « Faciliter l'instauration de partenariats entre le secteur public et le secteur privé et d'autres formes de partenariats qui donne la priorité aux besoins des pauvres, au moyen de cadre réglementaires nationaux stables et transparents établis par les gouvernements, tout en respectant la situation locale, en association toutes les parties prenantes concernées, en assurant le suivi des résultats et en amenant les institutions publiques et les sociétés privées à mieux rendre compte de leurs activités. » (§25g).

– **catastrophes naturelles** : « Favoriser la diffusion et l'exploitation du savoir traditionnel et autochtone en matière d'atténuation des effets des catastrophes, ainsi que la planification, au niveau des autorités locales, en matière de gestion des catastrophes, notamment par des actions de formation et des campagnes de sensibilisation » (§35f).

V) Le développement durable à l'ère de la mondialisation

Commerce international, conditions de travail, responsabilités des entreprises, partenariats publics/privés, fracture numérique.

VI) Santé et développement durable

Service de santé de base, lutte contre le sida et autres pandémies (malaria, tuberculose), maladies respiratoires et autres résultant de la pollution de l'air, exposition au plomb.

Transfert des technologies eau, assainissement, déchets : « Transférer et diffuser, à des conditions mutuellement convenues, notamment dans le cadre de partenariats multi-sectoriels entre le secteur public et le secteur privé des technologies permettant l'approvisionnement en eau potable, l'assainissement et la gestion des déchets dans les zones rurales et urbaines des pays en développement et ceux dont l'économie est en transition avec l'appui financier de la communauté internationale... » (47.l).

VII) Développement durable des petits états insulaires en développement

Ressources halieutiques, zones côtières, tourisme, exposition aux catastrophes et risques naturels et effets du changement climatique, sources d'énergie.

VIII) Initiatives en faveur du développement durable de l'Afrique

Accès aux marchés, aide publique au développement, sida, Nepad, transfert de technologie, éducation, secteur industriel, sources d'énergie, transport, climat, désertification, santé, effets environnementaux et humanitaires des catastrophes naturelles et conflits, déplacements de populations, eau, agriculture, fracture digitale, tourisme durable, savoirs traditionnels et respect des conditions locales,...

Accès aux services de base (eau, santé) des foyers africains: Assurer aux foyers l'accès à l'eau potable, l'éducation en matière d'hygiène, les soins, la gestion des déchets à travers des initiatives qui encouragent les investissements publics et privés dans les domaines de l'eau et de la santé donnant la priorité aux besoins des plus pauvres... en respectant les conditions locales et en incluant tous les acteurs concernés... en évaluant l'action des institutions publiques et des entreprises privées... (60.a)

Villes africaines : « Aider les pays africains à mettre en œuvre le programme Habitat et la déclaration d'Istanbul à la faveur d'initiatives visant à renforcer les capacités institutionnelles nationale et locales dans les domaines de l'urbanisation durable et des établissements humains, fournissant une assistance aux fins de la construction de logements convenables, de la prestation de services de base ainsi que de la mise au point de systèmes de gouvernance efficaces et rationnels dans les villes et autres établissements humaines et renforcer notamment le programme PNUD/Habitat relatif à la gestion de l'eau pour les villes africaines » (§65).

VIII bis) Autres initiatives régionales

*Amérique latine et Caraïbes (*rem : les villes durables sont mentionnées comme l'un des éléments stratégiques pour cette région).

Asie et Pacifique.

Asie occidentale.

Région de la Commission économique pour l'Europe.

IX) Moyens d'exécution

Principe de responsabilité commune mais différentiée.

Consensus de Monterrey sur les financements internationaux, mobilisation de l'épargne domestique, investissements directs, aide publique au développement (0,7 %), rôle su secteur privé et des mécanismes publics et privés, fond mondial pour l'environnement, dette, pays les plus pauvres.

OMC, Doha, accès aux marchés, barrières tarifaires, liens commerce-environnement-développement, droit à l'auto-determiniation, lutte contre le terrorisme.

Transfert de technologie.

Programmes de recherche, rôle des scientifiques, principe de précaution.

Information/communication, questions essentielles présentant un intérêt collectif à l'échelle mondiale.

Education, renforcement des capacités, accès à l'information, indicateurs de développement durable, technologies d'observation de la Terre.

Méthlogie et stratégies pour la prise de décisions : Promouvoir et continuer à développer des méthodologies et stratégies pour la prise de décisions en matière de développement durable tant à l'échelle nationale que locale (& 119.10).

X) Cadre institutionnel du développement durable

Bonne gouvernance, participation,

– Renforcement du cadre international : articulation au sein du système Nations unies, meilleurs intégration des trois dimensions du développement durable dans les politiques et programmes, gouvernance internationale en matière d'environnement, projet d'une convention Nations unies contre la corruption, responsabilité des entreprises.

– Rôle de l'Assemblée Générale des Nations unies.

– Rôle du Conseil Economique et Social.

– Rôle et fonction de la Commission Nations unies du développement durable : renforcement, travaux transectoriels, rôle des scientifiques et des éducateurs.

– *Rôle des institutions internationales.*
– *Renforcement du cadre régional.*
– *Renforcement du cadre national :*
– ***Conseils nationaux et locaux de développement durable :*** Promouvoir la mise en place ou le renforcement des Conseils de développement durable et/ou structures de coordination similaires tant au niveau national que local dans l'esprit d'une participation multi-acteurs. (§ 147).

– ***Agendas 21 locaux et Programme Habitat :*** « Renforcer le rôle et la capacité des autorités et protagonistes (stakeholders) locaux en ce qui concerne l'application d'Action 21 et des résultats du Sommet et le renforcement de l'appui à fournir en permanence aux programmes locaux d'application d'Action 21 (Local Agenda 21 programmes) et aux initiatives et partenariats connexes, et encourager, en particulier, les partenariats entre les administrations et autres et les protagonistes pour faire progresser le développement durable comme le prévoit notamment le Programme Habitat » (§ 149).

– *Participation des groupes majeurs*
– **Conseils locaux de jeunes :** « Promouvoir et appuyer la participation des jeunes aux programmes et activités de développement durable, notamment en appuyant les conseils locaux de la jeunesse ou leur équivalent et en encourageant leur création là où ils n'existent pas » (§153).

Dexia Crédit Local :
le banquier du développement local

Dexia Crédit Local est le premier partenaire financier du secteur local en France. Il apporte des financements aux régions, aux départements et aux communes ainsi qu'aux autres acteurs locaux tels que les organismes d'HLM, les hôpitaux publics, les sociétés d'économie mixte, les chambres de commerce et d'industrie, les associations... En France, le réseau de proximité de Dexia Crédit Local, constitué d'implantations dans l'ensemble des régions, lui permet de concevoir et de proposer au secteur local tout un éventail de produits et de services financiers.

Le savoir faire de Dexia Crédit Local s'appuie sur le groupe Dexia, la banque européenne leader mondial du financement des équipements collectifs et des services financiers aux collectivités publiques. Dexia est présent dans la quasi totalité des autres pays de l'Union européenne ainsi qu'aux Etats-Unis et en Asie Pacifique. Le groupe est coté en Bourse sur les marchés Euronext de Paris et de Bruxelles ainsi qu'à Luxembourg.

Dexia s'implique en tant qu'acteur du développement durable : pour chacune de ses activités, le groupe s'efforce de concilier la préservation de l'environnement, la cohésion sociale et le développement économique.

Encourager les meilleures pratiques
en matière de développement durable

En France, afin d'encourager les meilleures pratiques des collectivités locales en matière de développement durable, Dexia Crédit Local est à l'origine du lancement, en novembre 2002, des *Rubans du développement durable* aux côtés du Comité 21, de l'Association des Maires de France et de l'Association des Maires des Grandes Villes de France. Cette initiative vise à sélectionner des démarches pionnières de collectivités locales et à en favoriser la diffusion notamment grâce à l'édition d'un ouvrage *Le Memento du développement durable dans les collectivités locales.*

Afin de conforter la faisabilité des projets d'équipements liés à l'environnement, Dexia Crédit Local accompagne l'ensemble des décideurs locaux en Europe dans la compréhension et le suivi des réglementations et des normes.

Favoriser les investissements dans des équipements publics respectueux de l'environnement

Dexia Crédit Local aide aussi les acteurs publics locaux à investir dans des équipements non polluants ou facilitant les économies d'énergie comme par exemple l'acquisition de véhicules propres (partenariat ADEME) ou leur location longue durée (Dexia CLF Lease Services), la Haute Qualité Environnementale, la mise aux normes des équipements d'eau et de déchet. A cet effet, Dexia Crédit Local propose une large gamme de financements sur-mesure pouvant adopter des profils de très longue durée.

Dexia Crédit Local s'est directement impliqué dans le Sommet Mondial du Développement Durable de Johannesburg en participant à différents groupes de travail et en soutenant la « Charte des Services Publics Locaux » initiée par les associations internationales de collectivités locales et l'Institut de la Gestion Déléguée.

Par ailleurs, Dexia Crédit local propose aux acteurs locaux des produits sur mesure pour l'environnement. La banque a notamment créé, avec la BERD, le Dexia FondElec Energy Efficiency & Emissions Reduction Fund, un fonds d'investissement destiné a financer sur dix ans la réduction de la consommation d'énergie et des émissions de gaz à effet de serre en Europe centrale et orientale.

Contribuer à l'insertion des jeunes

Côté engagement citoyen, la banque mène une politique active de mécénat social. Au travers de la Fondation Dexia Crédit Local, elle oeuvre en particulier pour l'insertion citoyenne des jeunes en difficulté. Chaque année, la Fondation lance un appel à projets en direction du réseau des Missions locales afin de leur apporter des financements pour des projets concrets contribuant à une meilleure insertion citoyenne des jeunes et favorisant leur participation à la vie locale.

Sensibiliser à la protection de la nature

Dexia Crédit Local est l'une des entreprises partenaire du Conservatoire du Littoral. La banque participe à la politique d'édition du Conservatoire notamment au travers de deux collections, l'une qui présente les plus beaux sites maritimes protégés par le Conservatoire, et l'autre « Les oiseaux du bord de mer » soutenue par la Ligue pour la protection des oiseaux (LPO), qui invite les jeunes à respecter l'environnement. Avec l'Imprimerie Nationale, Dexia Editions coédite une collection axée sur la mise en valeur du patrimoine local. Enfin, la maison d'éditions participe à la publication, par le Cherche midi, du *Guide Dexia des musées en France*.

Adresses utiles

Dexia Crédit Local
7-11 quai André Citroën
BP 1002 – 75901 Paris cedex 15
Tél.: 01 43 92 77 77 – Fax: 01 43 92 70 00
www.dexia-clf.fr
www.dexia-creditlocal.com
www.dexia.com

Dexia CLF Banque
7-11 quai André Citroën
BP 1002 – 75901 Paris cedex 15
Tél.: 01 44 37 45 02
www.dexia-clf.fr

Dexia CLF Lease Services
7-11 quai André Citroën
BP 1002 – 75901 Paris cedex 15
Tél.: 01 41 14 57 78
www.dexia-clflease.fr

Dexia Sofaxis
(Assurance du personnel des collectivités locales)
Route de Créton
18110 Vasselay
Tél.: 02 48 48 10 10
www.sofaxis.com

Fondation Dexia Crédit Local
7-11 quai André Citroën
BP 1002 – 75901 Paris cedex 15
Tél. : 01 43 92 74 29
www.fondationdexiacreditlocal.org

Dexia Editions
7-11 quai André Citroën
BP 1002 – 75901 Paris cedex 15
Tél. : 01 43 92 79 13 ou 76 56 – Fax : 01 43 92 76 72
dexia.editions@clf-dexia.com
www.dexia-clf.fr

Table des matières

Composition et mise en pages par *Le Vent se lève...*, Chalais
Cet ouvrage a été achevé d'imprimer sur Roto-Page
par l'Imprimerie Floch à Mayenne en juillet 2003
Dépôt légal : juillet 2003
N° d'édition : 119 – N° d'impression : 57652
ISBN 2-74910-119-0
Imprimé en France